공존을 위한
길고양이 안내서

공존을 위한
길고양이 안내서

이용한·한국고양이보호협회 지음

 북폴리오

 **머리말**

 우리와 가장 가까운 곳에 고양이가 산다. 아무리 고양이를 멀리하려는 사람들이 있어도 이것은 변하지 않는 현실이다. 어쩔 수 없이 고양이는 도심 생태계의 일원으로 자리 잡았고, 우리도 이제 그것을 인정하고 고양이와 함께 사는 방법을 모색해야 한다. 『공존을 위한 길고양이 안내서』가 그것의 작은 보탬이 되고, 가이드가 되었으면 하는 바람이다.

 사실 공동으로 고양이 책을 작업하는 건 이번이 처음이다. 이번 작업을 통해 10년차 캣대디인 나 또한 많은 것을 배우고 느꼈다. 내용상으로 본다면 대체로 한국고양이보호협회에서 TNR과 길고양이 구조 및 포획, 질병과 의학적인 부분을 담당했고, 나는 그 밖의 길고양이 생활이나 개괄적이고 잡다한 부분들을 담당했다. 사진만으로는 설명할 수 없는 내용들이 많아서 중간중간 이해를 돕는 그림도 곁들였다.

고보협과 함께 이 책을 내기 위해 처음 머리를 맞댄 건 몇 년 전으로 거슬러 올라간다. 시중에 떠도는 길고양이에 대한 잘못된 정보도 많고, 일목요연하게 정리된 가이드북도 없어서 '캣맘을 위한 길고양이 핸드북'을 만들어 보자고 의기투합한 것이 이렇게 몇 년의 작업을 거쳐 『공존을 위한 길고양이 안내서』로 나오게 된 것이다.

길고양이 밥 주기나 캣맘의 역할은 물론 길고양이로 인한 다툼에서 상대를 설득하는 법과 고양이 톡소플라즈마까지 우리가 알아야 할 다양한 정보와 전문지식을 이 한 권에 꾹꾹 눌러 담았다. 또한 길고양이에 대해 평소 궁금했던 내용이나 의문에 대해서도 간단한 해법과 대안을 제시한다. 무엇보다 길고양이에 대한 막연한 동정보다 중요한 것은 사회적 책임감이라는 생각을 꼭 함께 나누고 싶었다.

한때 여행가로 세계 곳곳을 떠돌아다닐 때, 고양이와의 공존이 그저 생활의 일부인 여러 나라의 모습을 보면서 마냥 부럽고 한편 씁쓸했던 기억이 난다. 경제적으로 우리보다 훨씬 못 사는 나라들조차 고양이는 학대의 대상이 아니라 언제나 공존의 대상이었다. 누구나 인정하는 고양이의 천국 터키는 물론이고 스페인과 모로코, 일본과 대만, 라오스나 태국 등지에서 나는 사람과 고양이가 행복하게 어울린 풍경을 일상으로 만났다. 그들 나라에서는 그런 풍경이 그저 특별할 것도 없는 당연한 풍경이었다.

여전히 우리나라는 길고양이에 대한 편견과 오해가 심한 편이고, 하루아침에 그런 인식을 바꿀 수는 없을 것이다. 하지만 이렇게 한발씩 그러나 꾸준히 나아가다 보면 분명 오늘보다 나은 내일이, 길 위의 모든 고양이가 당당하게 살아갈 수 있는 세상이 올 것이다. 그런 믿음으로 오늘도 나는 길 위의 고양이들을 만나러 간다. 부디 내가 건네는 한 끼의 밥이 너의 마지막 끼니가 되지 않기를…….

2018년 1월
이용한

지금 이 순간, 우리 주변에서 가장 멸시받으며 사는 생명체가 있다면 길고양이일 것이다. 이 땅에서 길고양이는 잘못된 속설 탓에 미움의 대상이 되어 왔고, 관절염에 효능이 있다는 근거 없는 미신으로 엄청난 희생을 치러야 했다. 또 쓰레기봉투를 뜯고 시끄럽게 운다는 이유로 잡혀가 안락사를 당하거나 텃밭을 파헤쳤다는 이유로 목숨을 잃는 길고양이도 셀 수 없이 많다. 어이없게도 우리나라에선 인간이야말로 길고양이의 천적이자 포식자인 셈이다.

그러나 역설적이게도 길고양이가 수난을 당하는 만큼 길고양이를 지키려는 활동이 활발한 나라도 우리나라다. 바로 그 최전선에 길고양이를 돌보는 캣맘, 캣대디가 있다. 그들의 활동은 단순히 길고양이에게 밥을 주는 것에 그치지 않는다. 길고양이 학대에 맞서 감시자 노릇을 하기도 하며, TNR(길고양이를 포획해 중성화 수술을 시킨 뒤 제자리에 방사시키는 것)을 통해 고양이에 대한 민원(시끄러운 발정 소리, 개체 수가 많다는 등의 민원)을 해결하기도 한다. 고양이를 적대시하는 사람들과 길고양이 사이에 가교 역할을 함으로써 사람과 고양이의 공존을 모색하는 것이다.

아직 우리 사회에서 캣맘, 캣대디는 소수에 불과하고, 사람들의 냉대 속에서 길고양이만큼이나 힘든 길을 걷고 있는 게 현실이다. 그러나 10년 전에 비해 길고양이를 대하는 사람들의 인식에도 많은 변화가 있었듯, 오늘보다는 나은 내일이 있을 거라고 우리는 확신한다.

농림축산검역본부에 따르면 최근 3년 사이 고양이를 반려동물로 키우는 가구 수가 60% 이상 늘었다고 한다. 전체 반려동물용품에서 고양이 관련 용품 매출도 20%까지 증가했다. 이웃나라 일본에서는 고양이의 인기가 날로 늘면서 관련 산업의 경제적 효과가 어느덧 20조원이 넘었다고 한다. 고양이 사료에서부터 관련 용품, 동물보험과 관광 분야, 고양이 관련 책이나 애니메이션, 사진집과 같은 출판 영상 시장도 갈수록 팽창하고 있다. '네코노믹스'라는 신조어까지 등장할 만큼 그 인기는 가히 폭발적이다.

물론 고양이에 대한 관심이 길고양이의 복지를 담보하지는 않는다. 고양이를 키우는 반려인이 늘어나는 만큼 유기묘가 증가하는 것도 외면할 수 없는 현실이다. 우리가 사는 곳이 하루아침에 고양이 천국이 될 수는 없다는 뜻이다. 그러나 세상은 조금씩 달라지고 있고, 점점 더 많은 사람들이 길고양이에 대한 잘못된 선입관에서 벗어나 상생을 이야기하고 있다. 이런 움직임을 위한 작은 보탬이 되었으면 하는 바람으로 『공존을 위한 길고양이 안내서』를 펴낸다.

우리는 이 책이 길고양이를 위해 길 위에서 분투하는 캣맘과 캣대디들에게 따뜻한 위로와 힘이 될 수 있기를 바란다. 나아가 길고양이에 관심을 갖고 처음 이 길로 들어선 초보 캣맘들에게도 시행착오를 줄이고 마음의 상처를 다독이게 해 줄 현실적인 안내서가 되기를 바란다.

그리고 이 책을 통해 고양이를 싫어하는 많은 사람들이 길고양이에 대한 편견을 버리고, 캣맘을 이해하는 너그러운 마음을 가질 수 있게 되기를 무엇보다 소망한다.

2018년 1월
한국고양이보호협회 대표 박선미

차례

PART 1 길고양이에 대해 알아야 할 모든 것

1. 인간의 곁으로 온 고양이 — 19
2. 길고양이의 의미 — 23
3. 한국에서 길고양이란? — 27
4. 털의 색깔이나 무늬로 보는 길고양이 — 32
5. 고양이 용어사전 — 36

6. 고양이 신체의 비밀 — 44
7. 고양이 그루밍의 비밀 — 51
8. 고양이 발라당의 비밀 — 53
9. 고양이의 꼬리 언어 — 56
10. 꼬리가 짧은 고양이 — 58

11. 사람과 고양이의 나이 비교 — 60
12. 캣맘의 역할과 활동 — 62
13. 올바른 캣맘의 자세 — 64
14. 길고양이 밥 주기 A-Z — 68
15. 겨울과 여름, 길고양이 돌보기 — 74

- ⑯ TNR이란? — 80
- ⑰ TNR을 해야 하는 이유 — 82
- ⑱ TNR 이용 방법 4가지 — 84
- ⑲ TNR에 대한 잘못된 상식 — 88
- ⑳ TNR 주의 사항 — 92

- ㉑ 불법 포획업자 발견 시 대처 요령 — 96
- ㉒ 길고양이 구조 및 포획틀 신청 — 98
- ㉓ 포획틀 사용 시 주의 사항 — 100
- ㉔ 선택 포획을 할 수 있는 수동 포획틀 — 104

- ㉕ 길고양이의 임신과 출산 — 107
- ㉖ 어쩔 수 없이 임신묘를 집으로 들였을 때 — 110
- ㉗ 아기고양이를 함부로 냥줍하지 말 것 — 115
- ㉘ 길고양이 입양 — 118
- ㉙ 길고양이 입양 시 생각해 보아야 할 것들 — 120
- ㉚ 길고양이 입양 시 필요한 용품들 — 122
- ㉛ 길고양이 입양 시 주의 사항 — 126
- ㉜ 아기고양이 돌보기 — 130
- ㉝ 아기고양이 성장 과정과 관리법 — 134
- ㉞ 고양이 예방 접종 시 주의 사항 — 136
- ㉟ 고양이 스트레스와 불안에 대처하는 법 — 140
- ㊱ 고양이가 집을 나갔을 때 — 143

PART 2 길고양이, 이것이 궁금하다!

❶ 길고양이 구조 시 주의할 점을 알려 주세요 —————— 149
❷ 돌보는 고양이가 주민신고로 보호소에 잡혀 갔어요   151
❸ 길고양이를 구조했는데 집에 데려갈 수가 없어요   152
❹ 재개발지역 길고양이 이주 방사 어떻게 해야 하나요? —— 153
❺ 옥상과 천장에 고양이가 있어요   154
❻ 길고양이 목에 올무(철사)가 감겨 있어요 ——————— 156
❼ 자동차 엔진룸에 고양이가 들어갔어요   158
❽ 고양이가 끈끈이에 붙었어요 ————————————— 160
❾ 품종묘가 돌아다녀요   161

⑩	길고양이라고 동물병원에서 쫓겨났어요	164
⑪	아픈 것 같은데 병원에 가야 하는지 판단하기 힘들어요	166
⑫	교통사고로 다리가 골절됐어요	168
⑬	한쪽 다리가 없는 고양이 구조 후 입양해야 하나요?	170
⑭	영역 싸움이나 허피스 감염으로 인한 안구 괴사	172
⑮	길고양이의 최후, 치주염과 구내염	176
⑯	고양이 요로 결석	180
⑰	고양이 신부전증	182
⑱	발정과 임신, 유산 등으로 인한 자궁축농증	184
⑲	엘라이신의 효과	186
⑳	타우린의 효과	189
㉑	구충의 중요성	191

전문가 칼럼
고양이 톡소플라즈마와 AI 감염, 그 밖의 질병들에 대하여 — 194

㉒	길고양이 TNR, 꼭 해야 하나요?	201
㉓	임신 중 고양이 TNR 해도 될까요?	202
㉔	길고양이, TNR 표식 꼭 해줘야 하나요?	204
㉕	길에서 데려와 키우는 반려묘 TNR 지원받을 수 있나요?	207

26 포획틀 어떻게 빌리나요? — 208
27 고양이 학대를 목격했어요 — 209
28 쥐약 살포, 어떻게 대응해야 하나요? — 210
29 고양이가 텃밭을 파헤친다는 이유로 쥐약을 살포한대요 — 211
30 시장에서 고양이를 팔고 있어요 — 215
31 고양이 사체 발견과 부검의뢰 — 216

전문가 칼럼
동물학대와 동물보호법 처벌 — 219

32 좋은 사료를 못 주는데, 길냥이 사료만으로도 건강할까요? — 225
33 길고양이 밥 주지 말라는 공문이 붙었어요 — 226
34 멸치 먹여도 되나요? 닭고기, 개 사료, 소금은? — 228
35 고양이에게 해로운 음식들 — 230
36 급식소를 옮겨야 할 때 어떻게 하면 좋은가요? — 233
37 이사를 가야 하는데 어떻게 하면 좋은가요? — 234
38 사료에 개미가 생겨요 — 236
39 급식소 주변 고양이의 배변 문제, 어떻게 할까요? — 239

- **40** 헤어볼이 뭔가요? — 240
- **41** 고양이가 쥐를 물어다 놓았어요 — 242
- **42** 집에 들인 고양이가 스프레이를 해요 — 243
- **43** 알레르기 때문에 키우던 고양이를 못 키울 것 같아요 — 244
- **44** 길고양이 보호소에 보내려고 합니다 — 246
- **45** 사랑이 아닌 학대, 애니멀 호더 — 249
- **46** 입양계약서 작성해야 하나요? — 252

SPECIAL TIP
길고양이 사진 찍기 — 254
길고양이로 인한 다툼에서 상대를 설득하는 법 — 260

고양이에 관한 명언들 — 264

PART 1

길고양이에 대해
알아야 할 모든 것

인간의 곁으로 온 고양이

　인류 이전에 고양이가 있었다. 많은 애묘인들은 고양이가 지구를 정복하기 위해 다른 별에서 왔다는 외계 도래설을 믿고 있지만, 인류가 탄생하기 훨씬 전부터 고양잇과 동물은 이미 지구를 주름잡고 있었다.

　역사상의 기록을 보더라도, 고대 이집트 시대(약 7000년 전)의 고양이 뼈 유물이 발견됨으로써 당시에 이미 현존하는 고양이와 다르지 않은 가축화된 고양이가 인간의 근처에 살았다는 사실을 확인할 수 있다.

　이후 피라미드 무덤에서도 고양이 미라와 그림이 발견되었고, 약 3000년 전에는 '바스테트(Bastet)'라 불리는 고양이 여신을 숭배하기에 이르렀다. 당시는 현실에서의 고양이도 신성한 존재로 여겼기에 고양이를 죽이는 사람은 사형에 처했고, 죽은 고양이를 미라로 만들어 보관하기도 했다.

그러나 이집트 왕국의 멸망과 함께 고양이의 위상은 추락하기 시작했으며, 급기야 중세 시대에는 고양이가 마녀의 동물로 몰려 화형을 당하는 등 박해를 받았다. 뿐만 아니라 14세기에는 고양이가 페스트를 불러온다는 이유로 대량 학살을 당했는데, 결과적으로 페스트는 주로 고양이가 사라진 지역에서 창궐했다. 정작 페스트균을 옮긴 것은 설치류였다는 사실을 사람들은 뒤늦게 알게 되었고, 그때는 이미 유럽에서 2000만 명이 넘는 사람들이 페스트로 사망한 뒤였다.

근대 사회에 이르러서야 고양이는 다시 사람의 곁에 있는 가축의 위상을 되찾았으며, 오늘날에는 사람들에게 가장 사랑받는 반려동물의 자리에 오르게 되었다. 그러나 전 세계적인 고양이의 인기에도 불구하고 한국에서는 여전히 고양이에 관한 인식이 우호적이지 못한 게 사실이다.

우리나라에 처음 고양이가 들어온 것은 삼국시대로 추정된다. 불교가 전래되면서 중국으로부터 들어온 경전을 쥐가 갉아먹는 것을 막기 위해 고양이를 함께 들여왔을 거라는 추측이 지배적이다. 실제로 신라 왕궁 유적을 발굴하는 과정에서 고양이 뼈가 나오기도 했다.

우리나라 역사상 가장 유명한 고양이는 조선 숙종의 애

묘였던 금손(金孫)이라는 노랑이다. 숙종은 식사할 때나 심지어 정사를 돌볼 때도 금손을 곁에 두었는데, 모르긴 해도 상소문깨나 뜯어 놓았을 것으로 보인다. 숙종이 승하하자 금손은 식음을 전폐하고 임금을 따라 죽었다고 전해 오며, 사람들은 금손을 '의로운 고양이'로 여겨 숙종릉 인근에 묻어 주었다고 한다.

역사적으로 고양이는 5000년 이상 인류와 함께해 왔다. 한국에는 그런 존재를 기피하고 심지어 학대하는 사람들이 많지만, 인간과 고양이는 공존할 수밖에 없는 공생관계에 있다. 어쩔 수 없이 고양이는 도심 생태계의 일원으로 살아갈 수밖에 없고, 우리 또한 그것을 인정하고 고양이와 함께 사는 방법을 모색해야만 한다.

그동안 고양이에 대한 이해 부족이 오해를 낳은 측면도 있기에, 고양이의 세계를 알리고 이해를 구하는 작업은 여전히 유효하고 앞으로도 그럴 것이다.

길고양이의 의미

 고양이의 어원은 골+앙이가 합쳐진 고랑이에서 비롯되었다고 하며, 지역에 따라 괭이, 고넹이, 고니, 앵고, 살찐이 등으로도 불린다. 그 외에도 예전에는 '나비'라고 자주 불리곤 했고, 최근에는 '냥이'라는 애칭으로 부르는 경우도 많다.

 길고양이란 말이 언제 처음 사용되었는지는 분명하지 않지만, '도둑고양이'를 순화한 표현으로 등장한 것만큼은 분명해 보인다. 흔히 '길냥이'라는 애칭으로도 불리는 길고양이라는 단어에는 말 그대로 '길에서 산다'는 장소적 의미가 내포돼 있다.

 길고양이와 유기묘, 길고양이와 야생고양이를 같은 의미로 생각하는 이들이 더러 있는데, 엄연히 다른 의미의 명칭으로 봐야 한다. 사람의 손에서 자라다 유기된 고양이를 뜻하는 유기묘가 길고양이로 살아갈 수는 있지만, 애당초 길에서 태어나 길에서 자란 길고양이가 유기묘는 아니기 때문이다.

또 길고양이는 도심이든 시골이든 인간이 거주하는 공간을 주 영역으로 삼는 반면, 야생고양이(혹은 들고양이)는 인간의 거주 공간과 멀리 떨어진 산이나 들판을 영역으로 살아간다. 그리고 길고양이가 대체로 중립적 표현으로 사용되는 것과 대조적으로 야생고양이는 생태계를 교란하는 부정적 의미로 분류될 때가 많다. 다만 길고양이와 야생고양이는 어느 영역까지를 길고양이로 부르고 어느 영역부터 야생고양이로 불러야 하는지에 대한 구분이 모호한 편이며 서로 영역을 넘나들기도 하므로, 길고양이의 범주에 야생고양이를 포함시킬 때도 있다.

국어사전에는 길고양이 대신 도둑고양이가 표준어로 등재되어 있는데, 그 의미 또한 "주인 없이 여기저기 돌아다니며 몰래 음식을 훔쳐 먹는 고양이(표준국어대사전)."로 정의돼 있다(2017년 말 현재 정의는 "사람이 기르거나 돌보지 않는 고양이."로 바뀌었으나 여전히 도둑고양이를 표준어로 유지하는 중이다). 그러나 길고양이는 현실적으로 아무것도 훔치지 않으며, 그저 사람들이 버린 음식 쓰레기를 뒤지거나 누군가 내놓은 사료를 먹고 살아갈 뿐이다.

흔히 '길냥이'라는 애칭으로도 불리는 길고양이라는 단어에는
말 그대로 '길에서 산다'는 장소적 의미가 내포돼 있다.

더러 훔쳐 먹는 고양이가 있다 해도 이는 생존을 위한 본능적인 행동이며 실은 인간의 부주의가 원인이다. 옛 가옥에는 부엌이 외부에 붙어 있는 경우가 많았고 고양이가 몰래 부엌에 드나들며 음식을 훔쳐 먹기도 했을 것이므로 도둑고양이란 말이 자연스럽게 사용되었을지 몰라도, 생활 방식이 달라진 현시대에 도둑고양이라는 이름은 분명 시대착오적이다.

그리고 최근 애묘인은 물론 거의 모든 작가들과 언론, 관공서에서조차 '도둑고양이'란 말 대신 '길고양이'란 말을 쓰고 있다. 미국에서도 한때 길거리 고양이를 일러 뒷골목의 '깡패'를 연상시키는 '뒷골목 고양이'란 표현을 사용했다. 그러나 수많은 사람들이 그것을 잘못된 표현이라 지적했고, 지금은 이를 바로잡아 '방랑고양이(Stray cat)'로 순화시켜 부르고 있다. 잘못된 것이 있으면 바로잡는 게 옳다. 최근에 국립국어원에서 짜장면을 복수표준어로 인정한 것도 언중의 대부분이 그렇게 사용하기 때문이다.

한국에서 길고양이란?

 길에서 태어나 길에서 살다가 길에서 죽는 것이 길고양이의 운명이지만, 한국에서는 그들의 삶이 유난히 힘겨운 게 사실이다. 한국에서 길고양이의 평균 수명은 길어야 3년 안팎에 불과하다. 집고양이가 평균적으로 15년 안팎을 사는 반면, 길고양이의 수명은 그것의 5분의 1밖에 되지 않는다.

 이는 무엇보다 길고양이가 당면한 현실 때문이다. 한국에서 길고양이는 태어나자마자 생명을 위협하는 온갖 위험 요소를 안고 살아가야 한다. 먹이를 찾아다니는 일과 로드킬로부터 자신을 보호해야 하는 스트레스도 엄청나지만, 실은 길고양이를 위협하고 위해를 가하는 최대의 적은 바로 사람이다.

 길고양이에 대한 사회적 인식이 조금씩 나아지고 있는 것은 고무적인 현상이지만, 그래도 길고양이 학대와 혐오

범죄는 좀처럼 줄어들지 않고 있다. 최근 몇 년간에도 길고양이 혐오로 인한 범죄가 손에 꼽을 수 없을 만큼 빈번하게 일어났으며 그 양상도 갈수록 더욱 잔혹해지고 있다. 포항에서는 고양이가 총상을 당하는 사건이 발생했었고, 충주의 한 휴게소에서는 고양이 일곱 마리가 독극물로 살해된 사건도 있었다. 이곳에서는 전에도 총기에 의한 고양이 살해 사건이 일어난 바 있다.

쥐약이나 독극물에 의한 고양이 독살 사건은 최근 더욱 기승을 부리고 있는데, 동두천에서는 길고양이 열두 마리가 떼죽음을 당하는 사건이 있었고, 마포구 망원동과 서교동 일대에서도 길고양이가 잇따라 사체로 발견된 적이 있다. 또 대구에서는 3개월간 20여 마리가 넘는 길고양이가 독살당하는 사건이 발생하기도 했다. 시골에서는 고양이가 텃밭을 파헤친다는 이유로 쥐약을 놓아 고양이를 죽이는 일이 거의 일상다반사에 가깝다. 경남에서는 무려 600여 마리의 길고양이를 불법 포획해 도살한 뒤 건강원에 팔아넘긴 포획업자가 검거되기도 했다.

이처럼 한국에서 길고양이의 삶은, 하루하루가 삶과 죽음의 갈림길 위에 있다고 해도 지나친 표현이 아니다. 길고양이에게 먹이를 주는 캣맘에 대해서도 한 생명을 살리려는 노력으로 이해하는 대신 비난을 퍼붓고 있는 것이 오늘날 한국의 현실이다.

상당수 나라에서는 길고양이에게 먹이를 주는 행동이 매우 자연스러운 일이며, 지자체가 적극적으로 나서 급식소를 운영하는 나라도 많다. 물론 한국에서도 서서히 그런 움직임이 일어나고 있고, 그 결과 얼마 전 서울의 강동구에서 길고양이 급식소가 첫선을 보였다.

길고양이에게 사료를 주게 되면 고양이는 쓰레기봉투를 뜯지 않고, 따라서 거리 환경이 오히려 깨끗해진다. 지자체에 자주 접수되는 고양이 관련 민원 중에는 한밤중 발정 소리가 시끄러우니 고양이를 다 잡아가라는 내용도 있는데, 이 문제 또한 지역의 캣맘이 TNR을 통해 해결할 수 있다. TNR을 하게 되면 시끄러운 발정 소리가 사라질 뿐더러 늘어나는 길고양이 개체 수 문제도 해결할 수 있다.

지구는 인간만의 공간이 아니다. 지금은 고인이 되신 박경리 작가는 유명한 캣맘이기도 했는데, 평소 고양이에게 밥을 주면서 이런 말을 하셨다고 한다. "너도 먹고, 나도 먹고, 같이 먹고 살아야지." 이제는 고양이와 사람이 함께 공존하는 삶을 생각해야 할 때다. 그러기 위해서는 더 많이 가진 인간이 더 많이 인정을 베풀어야 한다.

털의 색깔이나
무늬로 보는 길고양이

흔히 한국의 토종 길고양이를 일러 코리안 쇼트헤어(Korean Shorthair), 줄여서 '코숏'이라고 부른다. 하지만 이는 종을 구분하는 정식 명칭은 아니며, 편의상 아메리칸 쇼트헤어의 명칭을 빌려온 한국식 별칭이라 할 수 있다.

굳이 품종에 따라 구분하자면 한국의 길고양이는 도메스틱 쇼트헤어(Domestic Shorthair)에 가깝지만, 공식적인 명칭이 아니라고 해서 이미 대중화된 코리안 쇼트헤어 혹은 코숏을 다른 명칭으로 부르는 것도 좀 어색해 보인다.

어쨌든 여러 유전자가 복합적으로 섞여 그 성격이나 행동도 제각각인 코숏은 한국 길고양이의 대다수를 차지하고 있는 단모종의 고양이로, 보통 털의 색깔이나 무늬에 따라 다음과 같은 애칭으로 불린다.

🟡 노랑이

털빛이 노래서 노랑이다.
고등어와 더불어 가장 흔하게
만나는 길고양이이며, 애묘인들
사이에 "노랑이는 언제나 옳다."
"진리의 노랑둥이"라는 말이
있을 정도로 널리 사랑받는다.
줄무늬와 얼룩무늬가 있다.

🔵 고등어

털빛은 짙은 회색을 띠며, 줄무늬가
있는 모습이 마치 등 푸른 고등어와
같다고 해서 고등어라 부른다.
노랑이와 더불어 한국을 대표하는
길고양이다. 줄무늬와 얼룩무늬가 있다.

🌑🟠 삼색이

흰색과 검은색, 오렌지색 등 세 가지 털빛이 섞인 고양이.
삼색고양이는 거의 대부분 암컷이라고 보면 된다. 그러나 아주 드문
확률(3000분의 1이라는 견해도 있고 1만분의 1이라는 견해도 있다)로
수컷이 태어나기도 하는데, 이런 경우라도 생식 기능을 갖춘 수컷은
거의 없다. 그러나 기적처럼 희박한 확률로 생식 기능을 갖춘 삼색이가
태어날 수도 있으며, 일본에서는 이런 삼색이를 특별하게 여겨 엄청난
고가에 거래하기도 한다. 또 과거 일본에서는 수컷 삼색이를 배에
태우면 행운이 따른다고 하여 일부러 배에 태우기도 했다.
이처럼 일본에서는 삼색고양이를 행운의 상징으로 여긴다.
가게 앞 등에서 앞발 한쪽을 들고 손님을 부르는
고양이 인형 '마네키네코'에 유난히
삼색이가 많은 것도 그 때문이다.

🌀 카오스

기본적으로는 삼색이와 비슷한 털 빛깔을 지니고 있지만, 그중에서도 흰색과 검은색, 오렌지색이 불꽃처럼 온몸을 뒤덮은 고양이를 카오스라 한다. 또 털빛이 세 가지 색이 아닌 검은색과 오렌지색만으로 이뤄진 고양이도 많아 삼색이와 구분해서 부른다.

◐ 턱시도와 젖소

마치 턱시도를 입은 것처럼 가슴과 얼굴 일부는 하얀 털이고 나머지는 검은색 털빛을 띠는 고양이를 가리킨다. 젖소는 말 그대로 젖소의 무늬를 연상하면 되는데, 흰색 털에 검은색의 얼룩무늬가 있는 고양이를 말한다.

● 올블랙

온몸이 까만 털로 뒤덮인 올블랙은 중세 유럽에서 마녀의 고양이로 몰리거나 '재수 없는 고양이'로 인식되기도 했지만, 일본에서는 한때 '선원 고양이'로 인기가 많았다. 선원 고양이란 말 그대로 외항 선박에서 살며 쥐로부터 음식이나 물품을 지키는 역할을 하는 고양이인데, 일본의 상선 회사에서는 과거 한국의 욕지도 등에서 검은고양이를 사갈 정도로 '재수 좋은 고양이' 대접을 했다.

기타

드물게 단모종 회색 고양이도 볼 수 있으며, 온몸이 흰색에 꼬리와 머리 부분만 노랑 무늬가 살짝 드리운 고양이도 존재한다. 최근에는 코숏이 아닌 이른바 '품종묘'가 유기되어 길고양이로 사는 경우도 많으므로, 유전자가 섞인 혼혈묘를 만나는 것도 어렵지 않다. 특히 흰 고양이는 이슬람권에서는 행운의 상징으로 통한다.

고양이 용어사전

길냥이 길고양이를 줄여서 부르는 애칭.

무릎냥이 사람의 무릎을 좋아하여 잘 올라오는 인간 친화적인 고양이.

개냥이 개처럼 사람을 잘 따른다는 의미로, 사람을 좋아해서 온갖 애교를 부리는 고양이를 말함.

접대묘(접대냥이) 처음 보는 사람이나 손님에게도 낯가림 없이 다가와 애교를 부리는 고양이.

아깽이 아기고양이를 줄여서 부르는 애칭.

아깽이 대란 흔히 늦봄에 아기고양이가 많이 태어나 한꺼번에 새끼들이 거리로 쏟아져 나오는 것을 이르는 말.

캣초딩 아깽이라 하기엔 조금 크고 성묘라 하기엔 아직 어린 단계의 고양이.

성묘 다 자란 고양이.

냥아치 길을 막고 포스 넘치는
표정과 몸짓으로 먹을 것을
요구하거나 낚아채 가는 고양이
혹은 평소 행동이 불량스러워 보이는
고양이를 익살스럽게 표현한 애칭.

집사 고양이와 함께 사는 반려인을
가리키는 말로, 고양이를 모시고 산다는 의미가 담겨 있음.

캣맘, 캣대디 길고양이에게 밥을 주고 보살피는
보호자로 여성은 캣맘, 남성은 캣대디라 부름.

급식소 길고양이 밥을 주는 특정한 장소나 시설물.

냥줍 길에서 고양이를 구조하거나 집으로
데려오는 것. '주워 온다'는 의미가 담겨 있음.

간택 고양이가 콕 집어 누군가를 선택하거나
고양이로부터 집사로 선택받는 일.

우다다 고양이의 사냥 본능과 질주 본능을 놀이로 승화시킨
고양이들만의 독특한 습성. 아깽이 시절에 사냥 연습의
일환으로 즐겨 하는데, 나이가 들수록 시들해짐.

똥꼬하이 고양이가 대소변을 본 뒤 기분이 좋아진 상태를 가리키며, 어린 고양이일수록 우다다로 이어질 때가 많음.

똥꼬발랄 기분 좋게 꼬리가 올라가 똥꼬가 보이는 상태를 가리키는데, 주로 어린 고양이의 발랄한 행동이나 명랑한 모습을 표현하는 말로 쓰인다.

궁디팡팡 고양이의 엉덩이 부위를 손바닥으로 팡팡 두들겨 주는 행동. 특히 발정기에 접어든 고양이들이 궁디팡팡을 좋아한다.

궁디씰룩 고양이가 사냥감을 공격하거나 상대 고양이 또는 사람을 공격할 때 엉덩이를 좌우로 실룩거리며 흔드는 행동. 장난감 등으로 놀이를 할 때도 자주 볼 수 있다.

식빵자세, 식빵 굽다
고양이가 앞발을 가슴 안으로 밀어 넣은 채 납작 엎드린 상태가 마치 식빵의 모양을 닮았다는 데서 유래함. 흔히 노랑이는 노릇노릇 잘 익었다고 하고, 올블랙은 시커멓게 탄 식빵이라 표현함.

냥모나이트
고양이가 몸을 둥글게 말고 자는 모습이 암모나이트를 닮았다는 데서 유래함.

하악질 고양이가 상대를 위협하거나 공격할 의사가 있다는 것을 표현할 때 내는 소리. 입으로 날카롭게 '하악'하는 소리를 낸다.

콜링 발정기의 암컷 고양이가 수컷 고양이를 유혹하기 위해 신호처럼 보내는 울음소리. 중성화 수술을 하게 되면 대체로 콜링이 사라져 고양이 울음소리가 시끄럽다는 민원을 해결하는 데 도움이 된다.

꼬리팡 꼬리를 잔뜩 부풀린 모습이 마치 꼬리가 팡 터진 것 같다고 하여 '꼬리팡'이라 부름. 주로 상대를 위협하거나 허세를 부릴 때 꼬리를 잔뜩 부풀리는 행동을 한다.

사이드 스텝 상대에게 자신의 모습을 커 보이게 하기 위해 온몸의 털을 잔뜩 부풀린 상태로, 앞모습이 아닌 옆모습으로 통통 튀는 스텝을 밟으며 위협하는 자세를 보이는 것. 주로 약하고 어린 고양이가 허세를 부릴 때 하는 행동.

가르릉/골골송 고양이가 기분이 좋거나 만족감을 느낄 때 내는 소리인데, 특이하게 가슴 부위에서 미세한 모터 소리와 비슷한 가릉가릉 울림 소리가 난다.

꾹꾹이 어릴 때 어미젖이 잘 나오도록 꾹꾹 누르던 행동이 습관으로 남아 커서도 사람이나 베개, 물건에 대고 안마를 하듯 꾹꾹 누르는 행동을 하는 것.

쭙쭙이 어릴 때 어미젖을 빨던 행동이 습관으로 남아 커서도 사람의 배나 손가락, 옷자락을 쭙쭙 빠는 행동.

부비부비 고양이는 입 주변과 뺨에 분비물을 만들어 내는 피지선이 있는데, 자기만의 이 냄새를 사물이나 사람, 친한 고양이에게 묻힘으로써 친분을 드러내고 영역을 표시함.

발라당
고양이가 배를 보이며 좌우로 뒹굴거리는 행동. 고양이는 배를 보이며 '너와 싸울 의사가 없다(항복의 의미)'는 것을 표현하는데, 사람의 입장에서는 고양이가 애교를 부리는 것으로 받아들일 때가 많다. 사람에게 먹이 구애 행동을 할 때도 주로 발라당 자세를 보여 준다.

그루밍 고양이가 온 몸 구석구석을 혀로 핥아서 털 고르기를 하는 행동. 흔히 고양이 세수라고 부르는 것이 바로 그루밍이다.

스크래치 고양이가 나무나 벽, 가구 등을 긁는 행위. 고양이는 발톱이 자라면 끝부분이 벗겨지는데, 스크래치는 발톱을 정리하는 행동의 일종으로 보면 된다. 또한 평상시 발톱을 잘 다듬어 사냥이나 나무타기 등의 행동을 보다 원활하게 하기 위한 예비 행동이기도 하다.

스프레이 고양이가 자신의 소변을 뿌려 영역 표시를 하는 행위. 주로 나무, 기둥, 벽, 가구 등이 목표물이 된다.

헤어볼 고양이가 털을 고르는 그루밍 과정에서 삼킨 털 뭉치를 헤어볼이라고 한다. 이는 배변으로 일부 배출하고, 위장에 남아 있는 것은 구토를 통해 배출한다. 길고양이의 경우 주로 강아지풀과 같은 풀을 먹어서 헤어볼을 토해 내기도 한다.

냥빨 흔히 집고양이의 경우 목욕을 시키는 것을 빨래와 연관지어 냥빨이라고 함.

오드아이 유전적인 이유로 고양이 양쪽 눈의 색이 다르게 나타나는 것. 멜라닌 색소의 농도에 따라 색소가 많은 쪽은 갈색이나 호박색, 색소가 적은 쪽은 파란색이나 초록색을 띤다.

솜방망이, 찹쌀떡 솜방망이처럼 털이 보슬보슬하고 도톰하게 생긴 고양이 앞발을 가리킴. 찹쌀떡처럼 생겼다고 해서 찹쌀떡이라 부르기도 함.

젤리 고양이 발바닥의 말랑말랑한 부분. 젤리의 색깔에 따라 핑크젤리, 초코젤리 (포도젤리라고도 함) 등으로 불림.

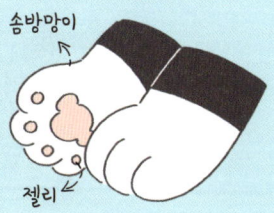

양말 고양이 발부터 발목이나 무릎에 이르기까지 무늬색과 다른 흰색 털이 나 있는 부분을 일러 양말이라 하며, 흰색 털의 길이에 따라 발목양말, 무릎양말, 짝짝이 양말 등으로 달리 부른다.

마징가귀 고양이가 양쪽 귀를 쫑긋 세운 모습. 귀에 거슬리는 소리를 들었을 때나 경계심을 나타낼 때, 흥분했을 때 볼 수 있는 모습이다.

TNR Trap(포획)-Neuter(중성화/불임수술)-Return(방사)를 뜻하는 국제 공용어로, 길고양이 개체 수를 적정하게 유지할 수 있도록 도와주는 프로그램.

경단밥 고양이 사료에 캔이나 닭 가슴살, 영양제 등을 섞어 둥글게 뭉쳐 만든 밥. 주먹밥이라 부르기도 함.

봉지밥 고양이 사료나 간식 등을 봉지에 담아 주는 밥인데, 주로 아깽이를 돌봐야 하는 출산묘가 물고 가기 좋도록 만든 것이다.

짜장, 카레 흔히 입 주변에 검은색이나 갈색의 얼룩무늬가 있을 경우 짜장이 묻었다고 하고, 노란 얼룩무늬가 있을 경우 카레가 묻었다고 한다.

임보 고양이를 잠시 데리고 있거나 입양처를 결정하기 전
'임시로 보호하는 것'의 줄임말. 임시 보호하는 곳을 임보처라고
부르기도 한다.

땅콩 고양이 수컷의 생식기를 땅콩과 닮았다 하여 땅콩이라 하고,
수컷의 중성화 수술을 '땅콩수확' 혹은 '땅콩수술'이라 부르기도 함.

맛동산 화장실 모래가 묻은 고양이 배설물을 가리키는 말.

감자 고양이가 화장실 모래에 소변을 볼 경우
모래가 응고하면서 만들어지는 둥그런 덩어리.

사막화 화장실 용 모래 사용 시, 고양이 발에 묻어나온 모래와
모래가 부서진 가루가 날리거나 바닥에 뒤덮이는 현상.

무지개다리를 건너다 고양이가 세상을 떠나는 것을 은유적으로
표현한 말.

고양이별로 떠나다 고양이가 세상을 떠났을 때 '무지개다리를
건너다'라는 표현과 함께 가장 많이 사용하는 표현.

고양이 신체의 비밀

고양이는 그 어떤 동물보다 유연하고 민첩하며 뛰어난 균형 감각을 지니고 있다. 인간보다 훨씬 많은 뼈를 가지고 있지만, 쇄골이 없기 때문에 작은 구멍이라도 머리만 통과하면 쉽게 빠져나갈 수 있다. 또 후각이 매우 발달해서 갓 태어난 아기고양이들도 어미고양이를 인식하고 먹이와 주변의 온도를 감지한다. 눈도 못 뜬 아기고양이가 어미 품을 찾아가는 것도 바로 온도 변화를 감지하는 코의 민감한 감각 때문이다.

고양이는 인간보다 훨씬 많은 종류의 냄새를 구별할 수 있다고 하며, 냄새 정보만으로 먹잇감을 찾아내는 능력을 지녔다. 뿐만 아니라 인간에게 없는 서비골 기관(윗니에서 콧구멍까지 이어진 기관)을 이용해 후각과 미각을 동시에 느끼기도 한다. 흔히 발정기의 고양이가 입을 어중간하게 벌린 채 다른 고양이의 배설물 냄새를 맡는 모습을 볼 수 있는데 이것이 바로 서비골 기관을 이용해 냄새를 맡는 것으로, '플레멘 반응'이라고 부른다.

코를 만졌을 때 촉촉한 게 정상이다. 단, 잠을 자고 일어났거나, 운동, 그루밍을 한 직후 건조해질 수 있다.

고양이의 눈은 많은 것을 담고 있다. 이들은 경계와 불안, 관심과 호기심, 기쁨과 흥분, 갈망과 실망까지 눈으로 표현하곤 한다. 고양이 눈의 가장 큰 특징은 동공이 세로로 좁아진다는 것이다. 다양한 빛의 세기와 양에 따라 고양이의 동공은 수직으로 가늘어지거나 넓어진다. 이는 동공을 통해 빛의 유입량을 조절하기 위해서다.

빛이 거의 없는 밤중에는 동공을 최대한 확장하며, 망막 뒤에 있는 반사판(색소 세포층)에서 빛을 반사시켜 어둠 속의 사물을 판별한다. 밤중에 고양이를 보면 눈에서 빛이 나는 것도 그 때문이다. 덕분에 고양이는 어둠 속에서도 사람보다 5~6배나 더 잘 볼 수 있다고 한다.

주변이 밝을 때

주변이 어두울 때

평상시 고양이 눈은 원시이기 때문에 가까운 물체를 잘 식별하지 못한다. 그러나 시야가 발달해 움직이는 물체는 금세 감지해 낸다. 고양이는 처음 태어날 때 푸른 눈을 가지고 태어나는데, 자라면서 이 푸른 눈은 점차 호박색이나 초록색 등 고유의 빛깔로 바뀌어 간다.

어떤 이들은 고양이가 색맹이라고 말하는데, 엄밀히 따지면 적록색맹에 가깝다. 적색과 녹색은 회색으로 보인다고 하며, 파란색과 노란색 정도만 구분할 수 있다고 한다. 그러나 고양이에게 다양한 색채를 구별하는 능력은 중요치 않으며, 사냥감이나 물체의 크기 및 모양, 움직임을 감지하는 것이 훨씬 더 필요하다.

제2의 눈이라고 불리는 고양이의 수염 또한 몇 가지 비밀을 담고 있다. 고양이의 수염은 사람과 달리 감각 기관으로 작동한다. 1990년대 중반 독일의 다큐멘터리 잡지 「GEO」에는 고양이 수염에 관한 짤막한 기사가 하나 실렸다. 그 내용을 요약하면 이렇다. "고양이 수염은 공기 중의 미세한 진동에도 매우 민감하여 이를 감지할 수 있고, 어둠 속에서조차 공간 감각을 갖게 해 준다." 달도 뜨지 않은 칠흑 같은 밤에도 고양이는 우리 눈에는 보이지 않는 장애물을 뛰어넘고, 위험천만한 허방을 잘도 피해 간다.

또 고양이는 수염으로 바람의 방향을 감지하며, 자신과 앞에 놓인 대상 사이의 거리 또한 수염으로 측정한다. 실제로 한 고양이 실험 보고서에 따르면 눈을 가린 고양이는 정확하게 사냥감을 캐치한 반면, 수염을 자른 고양이는 사냥감 포획에 실패했다고 한다. 이 실험 결과를 100% 신뢰할 수 없다 해도 고양이가 거리나 방향, 공간과 위치 등을 수염으로 파악한다는 것만은 틀림없어 보인다.

고양이는 개보다 뛰어난 청각을 지니고 있다. 고양이는 인간의 귀로 들을 수 없는 초음파까지 감지하는데, 멀리서도 구멍 속에서 나는 미세한 설치류의 소리를 들을 수 있다고 한다. 한마디로 고양이의 귀는 레이더와 같아서 잠을 자면서도 쉴 새 없이 귀를 움직여 주변의 소리를 경청한다. 먹잇감이나 천적의 소리를 파악하기 위해서다. 또 사람의 발소리나 자동차 엔진 소리도 구분할 수 있는데, 캣맘의 자동차가 도착하면 급식소 고양이들이 우르르 마중 나오는 것도 그 때문이다.

야행성인 고양이에게 매우 중요한 감각 기관인 수염

고양이들은 완벽한 자아도취에 빠져 있다.
이들이 몸단장하는데 얼마나 많은 시간을
보내는지를 보면 알 수 있다. _제임스 고맨

고양이 그루밍의 비밀

종종 우리는 고양이의 유연한 몸놀림에 감탄하곤 한다. 이 녀석들이 얼마나 유연한지 알고 싶다면 그루밍하는 순간을 관찰해 보자. 인간의 요가 자세보다 훨씬 고난도일 때가 많다. 시도 때도 없이 그루밍에 빠져 있는 동물은 고양이가 유일할 것이다. 사실 고양이는 하루의 3분의 2를 잠으로 보내는데, 깨어 있는 시간의 상당 부분을 또 그루밍으로 보낸다.

고양이가 그루밍을 하는 가장 큰 이유는 역시 건강한 털 관리에 있다. 고양이는 돌기가 가득한 혀로 빗질을 하듯 죽은 털을 골라내고, 엉킨 털을 풀어 내어 뭉치지 않도록 한다.

이 과정에서 삼킨 털 뭉치를 '헤어볼'이라고 하는데, 길고양이의 경우 강아지풀이나 보리 싹, 밀 싹 등을 먹음으로써 헤어볼을 토해 내거나 변으로 배출해 제거한다.

또한 그루밍은 체온 조절에도 도움을 주는 것으로 알려져 있다. 예컨대 여름에는 침으로 털을 문지르고 나면 한결 시원해서 더위를 식힐 수 있다는 것이다. 그 외 심리적인 안정을 위해 하는 경우도 있으며, 서로 친근함을 표시하기 위해 '그루밍 품앗이'를 할 때도 있다. 아기고양이의 경우에는 주로 어미고양이가 그루밍을 해 줌으로써 털 관리와 배설을 돕는다.

고양이가 그루밍을 한다는 것은 건강하다는 증거이기도 한데, 실제로 몸이 아픈 고양이나 늙은 고양이의 경우 그루밍을 하지 못해 털이 뭉치거나 지저분한 상태가 된다.

고양이 발라당의 비밀

흔히 고양이가 몸을 좌우로 뒤집으며 배를 보여 주는 행동을 '발라당'이라 한다. 고양이에게 있어 발라당은 자신의 취약한 부위를 보여 줌으로써 나는 너의 적이 아니며, 너를 공격할 의사가 없다는 뜻을 표현하는 것이다. 또 어미고양이 앞에서 한다면 반가움이나 애정의 표현이며, 형제들이나 또래 고양이들끼리는 장난을 걸며 함께 놀자는 몸짓 언어가 되기도 한다.

고양이가 사람에게 발라당을 하는 이유도 고양이 세계에서의 의미와 크게 다르지 않다. 자신의 약한 부분을 보여 줌으로써 신뢰감과 유대감을 표현하는 것이다. 주로 길고양이의 경우 캣맘이 먹이를 주기에 앞서 발라당을 하는 경우가 많은데, 이 또한 먹이 구애 행동의 하나로 '내가 이

만큼 당신을 믿고 있으니 믿는 만큼 밥을 주세요.' 정도로 이해하면 될 것이다.

그러나 개의 발라당과 달리 고양이는 발라당 자세를 취한다고 해서 '만져도 돼.'라는 의미까지 포함한 것은 아니다. 때문에 발라당을 하는 고양이의 배를 허락 없이 만졌다가는 한순간에 손이 스크래쳐로 변할 수 있으니 주의해야 한다.

전혀 다른 의미의 발라당도 존재한다. 이를테면 강한 상대와의 싸움이 불가피할 때 약한 고양이는 일종의 방어로써 발라당 자세를 취한다. 주로 공격보다는 방어에 초점을 맞춘 자세라 할 수 있다. 때로는 점프를 하거나 무언가를 낚아채려다 실패했을 때에도 민망함을 감추기 위해 돌연 그루밍이나 발라당을 할 때가 있다. 이럴 경우에는 반가움이나 신뢰의 표현과는 전혀 관계없는 실수 무마용이라고 보면 된다.

고양이의 꼬리 언어

고양이는 꼬리가 울음소리만큼이나 중요한 의사표현 수단이다. 만일 고양이가 당신 앞에서 꼬리를 높이 치켜든다면 당신은 그 고양이로부터 충분히 사랑받고 있는 것이다. 그러나 높이 치켜들었다고 해도 꼬리털을 바짝 부풀린 모습이라면, 매우 화가 났거나 공격할 의사가 있다는 신호가 된다.

만일 고양이가 꼬리를 뒷다리 속으로 말아 넣고 있다면 극도의 공포를 느낀다는 것이고, 일상적인 상태에서 살짝 꼬리를 내리고 있다면 매우 평온한 상태이니 안심해도 된다. 고양이의 기분을 알고 싶다면 꼬리를 살펴보는 것만으로도 어느 정도 상태를 짐작할 수 있다.

꼬리가 짧은 고양이

종종 꼬리가 짧은 길고양이를 만날 때가 있다. 사람들은 꼬리가 짧은 고양이를 보면 '누군가에게 학대를 받아 꼬리가 잘렸구나.'라고 생각하는 경우가 많은데, 그런 경우가 없다고는 할 수 없지만 실제로는 그렇지 않은 경우가 대부분이다.

임신묘의 영양 상태가 안 좋거나 병약한 경우 꼬리가 짧은 고양이가 흔히 태어날 수 있다. 또 꼬리가 기형이거나 부자연스럽게 깡총한 경우도 많다.

옛날에는 집에서 키우는 고양이의 꼬리를 자르면 멀리 도망가지 못한다는 잘못된 속설이 있어 시골에서 쥐잡이용 고양이를 들일 때 꼬리를 자르는 경우가 있었으나, 요즘엔 그런 일이 별로 없는 편이다. 이 경우 일부러 자른 흔적이 남을 수밖에 없다.

유전적으로 꼬리가 짧은 밥테일 종의 경우, 일본의 '재

패니스 밥테일'(Japanese Bobtail)처럼 한국에도 그런 고양이가 많은 편이다. 밥테일 종은 한·중·일을 포함한 동양에 주로 분포하며, 서구에서는 드물게만 나타난다고 한다(아메리칸 밥테일도 자생적인 것이 아니라 1960년대에 인위적인 교배를 통해 태어난 것이라고 함).

사람과 고양이의 나이 비교

고양이의 시간은 인간의 시간보다 빠르게 흘러간다. 고양이 나이 6개월이면 인간의 나이로는 10세에 이르며 1년이면 15세, 즉 청소년기로 접어든다. 또 2년이면 24세가량의 어엿한 성년으로 볼 수 있다.

그러나 이런 계산식은 어디까지나 안전한 공간에 사는 집고양이를 기준으로 한 것이다. 우리나라의 길고양이는 수명(집고양이가 보통 15년 이상을 사는데 반해 길고양이는 3년 안팎의 수명을 산다)을 다하지 못하고 사람으로 치면 20대 후반에 죽는 경우가 대다수이므로 도표와 같은 나이 환산표가 별다른 의미가 없을지도 모르겠다.

고양이 나이 환산표

고양이	사람	고양이	사람
1개월	3세	10년	56세
3개월	6세	11년	60세
6개월	10세	12년	64세
1년	15세	13년	68세
2년	24세	14년	72세
3년	28세	15년	76세
4년	32세	16년	80세
5년	36세	17년	84세
6년	40세	18년	88세
7년	44세	19년	92세
8년	48세	20년	96세
9년	52세	21년	100세

캣맘의 역할과 활동

길고양이에게 밥 주는 사람을 캣맘(여성), 캣대디(남성)라고 부른다. 영어로 된 명칭임에도 불구하고 외국에서는 그렇게 부르는 경우가 별로 없다. 외국에서는 고양이를 비롯한 길 위의 생명들에게 밥을 나눠 주는 문화가 그리 특별한 일이 아니므로, 고양이에게 밥을 준다고 해서 따로 명칭을 붙일 필요가 없는 것이다. 그나마 캣헬퍼(Cat helper)가 비슷한 의미이긴 한데, 이 말에는 밥 주는 일 말고도 고양이를 위한 보다 적극적인 보호활동에 나선다는

의미가 담겨 있다. 옆 나라 일본에서는 한국과 비슷하게 '고양이 아줌마' 혹은 '고양이 아저씨' 정도로 부르는 경우가 종종 있다.

사실 요즘 캣맘의 역할은 단순히 고양이 밥을 주는 것에 그치지 않는다. 캣헬퍼의 의미처럼 길고양이를 보살피고 관리 및 보호하는 일도 겸하며, 주민과의 마찰이 없도록 사람과 고양이의 가교 역할까지 도맡아 하는 경우가 많다. 그 일환으로 최근에는 TNR을 통해 주민들의 민원을 해결하거나, 급식소 주변을 깨끗이 청소하는 등의 자발적인 봉사에 나서는 캣맘도 늘고 있다. 사실상 고양이에 대한 사람들의 인식을 개선하기 위한 최전선에 바로 이들, 캣맘과 캣대디가 있다.

캣맘으로 활동하는 많은 분들이 처음에는 그저 고양이가 불쌍한 마음에 시작하는 경우가 많다. 측은지심으로 밥을 주다 보니 TNR과 주변 환경을 생각하게 되고, 그것이 곧 사회적인 책임감으로 이어지는 현상은 바람직한 캣맘의 진화 모습이다. 진화해 가는 과정에서 더러 주민과의 마찰로 성장통도 겪게 되겠지만, 고양이와의 교감을 통해 사랑을, 그 사랑 속에서 용기를, 용기 안에서 책임감을 배우며 성장하는 캣맘들은 얼마든지 자부심을 느껴도 좋다.

올바른 캣맘의 자세

한국고양이보호협회(이하 고보협)에 접수된 상담 내용을 보면, 첫 단추를 잘못 끼워 경제적으로 힘든 처지가 되거나 몸과 마음이 지쳐 버린 캣맘의 사례를 드물지 않게 볼 수 있다. 길 위에서 힘겹게 살아가는 길고양이가 안타까워 시작한 캣맘 활동이 결과적으로는 스스로의 삶까지 고단하게 만든 셈이다. 상담을 진행했던 관악구 한 캣맘의 사례도 그런 경우였다.

A씨는 길에서 사는 아이들이기에 더 불쌍하고 안타깝다며 고급 사료를 선택해 급여하기 시작했는데, 세 마리였던 고양이가 점차 늘어 30여 마리가 되었을 때에도 무리한 밥 주기를 강행했다. TNR에도 부정적이었던 A씨는 결국 증가하는 개체 수로 인해 재정적인 한계에 부딪히게 되었고, 뒤늦게 저렴한 사료를 먹이기 시작했지만 그 동안 고급 사료에 길들여진 아이들이 받아들일 리 없었다. 설상

가상으로 급식소에서 나는 영역 싸움 소리와 교미 소리로 주민들의 항의까지 받게 되었다.

여러 차례 상담했음에도 불구하고 A씨는 중성화를 끝내 반대했고, 고양이 때문에 자기 삶이 망가졌다며 무책임하게 다른 곳으로 이사를 가 버렸다. 결국 캣맘이 떠난 급식소의 고양이들은 주민들의 민원으로 보호소에 잡혀가 안락사당할 위기에 처하고 말았다. 고보협은 즉시 인근에서 활동하는 캣맘을 물색해 TNR을 시행하고, 일정한 시간에 고정적으로 사료를 급여하기로 했다. 이런 노력을 통해 겨우 주민들의 항의와 기타 문제점들을 해결할 수 있었다.

사실 캣맘 중에는 이처럼 무계획적으로 밥 주기를 시작하거나 자신의 경제 상황을 고려하지 않고 사료를 선택하는 이들이 많다. 감정에 치우쳐 무작정 길고양이를 집에 들이다 가족과 마찰이 생기거나, 감당할 수 없을 정도로 고양이 개체 수가 불어나 곤경에 처하는 경우 또한 종종 있다. 이럴 때 어떤 캣맘은 스스로 선택한 일인데도 애꿎은 고양이를 탓하기도 한다.

그러나 당연히 고양이에겐 잘못이 없다. 초보 캣맘이라면 가장 먼저 내가 할 수 있는 일과 할 수 없는 일의 기준을 정하고, 내가 할 수 있는 만큼의 봉사를 하는 것이 무엇보다 중요하다. 자신이 감당할 수 있을 만큼만 활동하는 게 고양이를 위하는 것이고, 처음 시작했을 때의 마음을 오래도록 퇴색하지 않게 만드는 길이다.

길고양이가 원하는 것은 고급 사료가 아니라 마음이 담긴 한 끼이며, 매일같이 자기를 위해 찾아오는 캣맘의 발자국 소리와 따뜻한 눈맞춤이다. 그것들이야말로 길고양이들에겐 더없이 큰 힘이자 위안이 될 것이다.

길 위에서 살아가는 고양이가 불쌍한 건 어제오늘의 일이 아니다. 그들을 바라보는 캣맘에게 필요한 것은 눈물과 동정이 아니라 그들과 동행할 수 있는 용기와 이성, 그리고 책임감이다.

길고양이 밥 주기 A-Z

많은 분들이 길에서 생활하는 길고양이의 모습이 딱하고 불쌍해서 조금씩 먹을 것을 나눠 주다가 캣맘의 길로 들어선다. 하지만 초보 캣맘들은 밥을 얼마나, 어떻게, 어디서 줘야 할지 난감하기만 하다. 다음 글에서 초보 캣맘과 캣대디를 위한 가이드를 제시하고자 한다.

길고양이 밥을 주기에 앞서 가장 먼저 해야 할 것은 자신이 사는 동네의 환경을 파악하는 것이다. 길고양이가 어느 정도 있는지, 길고양이에 대한 주민들의 인식은 어떤지, 밥자리로 정한 곳이 과연 적합한 장소인지 등을 여러모로 파악한 뒤에 급식을 시작할 필요가 있다. 만약 길고양이를 싫어하는 사람들이 많은 동네라면 고정 밥그릇을 사용하지 말고, 일정 시간에 밥을 준 뒤 수거하는 방법을 택해야 한다.

그럼에도 고정 밥그릇과 물그릇을 놓고 싶다면, 사람들의 왕래가 잦은 길가 대신 길고양이들이 편하게 숨어서 먹을 수 있는 은밀한 공간을 물색해야 한다. 요즘에는 봉지밥과 경단밥 등으로 간편하게 밥을 주는 캣맘도 있는데, 중요한 것은 경단밥이나 그릇을 사용하지 않고 바닥에 사료를 부어 주는 방법으로 급여했다면 반드시 고양이가 다 먹고 난 후 자리를 깨끗이 청소해야 한다는 것이다. 하지만 되도록 그릇 사용을 권한다. 바닥에 사료를 놓는 것은 고양이에게도 건강상 좋지 않으며 비둘기가 모여 민원 증가의 원인이 되기 때문이다.

또 봉지밥은 수유묘 같은 특수한 경우가 아니라면 가급적 주지 않는 게 좋다. 고양이가 봉지 속의 밥을 다 먹지 않아서 잔여물이 남거나, 다 먹은 비닐봉지가 그대로 길바닥에 남아 주민간 마찰의 불씨가 될 수 있기 때문이다. 또

고양이가 사료를 먹다 봉지까지 먹어 장 파열이 생길 수도 있다. 실제로 한 캣맘은 자전거를 타고 다니면서 봉지밥을 던져 주다가 비둘기가 모여들고 터진 봉지밥이 여기저기 나뒹굴어 주민들로부터 쓰레기 투기로 신고를 당하기도 했다. 이렇게 주민과의 마찰이 불거지게 되면 결국 피해는 고스란히 길고양이에게 돌아갈 수밖에 없다.

길고양이에게 밥을 주는 가장 바람직한 방법은 역시 고정 그릇을 사용해 사료와 물을 급여하는 것이다. 일주일 정도 밥을 주게 되면 급식소를 드나드는 고양이의 수를 대충 파악할 수 있는데, 그에 맞춰 매일 또는 2~3일에 한 번씩 급식 주기를 정하면 된다. 급식 주기를 정하지 않고 어쩌다 한 번씩 방문하여 밥을 주게 되면 노출의 위험도 커진다. 비가 온 뒤 사료가 넘치고 썩거나 밥자리가 더럽혀져도 관리하지 못하기 때문에 외부에 쉽사리 노출될 수 있는 것이다.

캣맘은 밥을 주는 것만큼 밥자리도 깨끗하게 관리하고 자주 체크해야 할 책임이 있다. 만약 밥그릇은 하나인데 오는 고양이의 수가 많다면 먹이 다툼으로 시끄러울 수 있으니, 조금 떨어진 곳에 밥그릇을 늘려 고양이를 분산시키는 것도 하나의 방법이다.

한 번에 많이 주지 말자

일주일 정도 꾸준히 밥을 주게 되면 1일 평균 급여량(보통 한 마리당 종이컵 1컵 가득)을 알 수 있다. 한 번에 많이 주어서 오랫동안 먹게 하는 것은 좋지 않다. 오래 묵은 밥은 벌레가 꼬이고 사료의 맛과 향이 날아가 길고양이도 잘 먹지 않게 된다. 미관상으로도 좋지 않아 주민들과 마찰이 생길 수 있다.

물은 꼭 주어야 한다

길고양이에게 생기는 질병 중 다수가 물과 관련된 것들이다. 사실 도심은 길고양이가 깨끗한 물을 먹을 수 있는 환경이 되지 못한다. 시골과 달리 도심에서는 빌라나 아파트, 다세대 주택이 많아서 물을 먹을 만한 공간이 절대적으로 부족하다. 사정이 이렇다 보니 길고양이가 고여 있는 오염된 물이나 자동차에서 흘러내린 워셔액 혹은 기름 등을 먹고 중독되는 경우도 많다. 사료를 준다면 당연히 물도 함께 줘야만 한다.

밥 주기 좋은 장소와 밥그릇

고양이가 편안하게 먹을 수 있는 공간은 무엇보다 가급적 몸이 노출되지 않는 장소가 좋다. 비와 눈까지 피할 수 있는 장소라면 더욱 좋을 것이다. 밥그릇도 눈에 띄지 않을수록 좋다. 즉석밥 용기나 두부 용기 같은 일회용 플라스틱 그릇을 재활용해도 된다.

고정적인 밥그릇을 사용하지 않는 경우엔 그릇을 수거하고 밥자리 주변은 항상 깨끗하게 관리해야 한다. 고정 밥그릇을 사용할 수 있는 장소라면 뚝배기 같은 무게감 있고 어두운 색깔의 그릇을 선택해 바람에 날아가거나 밀리지 않게 한다.

밥 주는 시간대

고정적인 밥그릇이 있다면 급식 시간이 크게 상관없지만, 만나서 주는 거라면 되도록 저녁 시간에 주도록 한다. 낮에 밥을 주는 것은 사람들에게 노출되기 쉽고, 불법 포획 업자들의 표적이 될 수도 있다.

잦은 캔 급여는 삼가자

길고양이에게 자주 캔을 주게 되면 캔을 독차지하려는 고양이들 간의 싸움도 빈번해진다. 일일이 양치질을 해 줄 수 없기에 건강상으로도 캔보다는 사료를 주는 게 좋으며,

차후 구충제나 약 급여 시 성공률을 높이기 위해서도 잦은 캔 급여는 삼가는 게 좋다. 다만 물을 구하기 어려운 환경에서는 수분 섭취용(캔사료는 약 74%의 수분을 함유하고 있다고 한다)으로 캔을 주는 게 오히려 도움이 된다.

겨울과 여름, 길고양이 돌보기

겨울은 길고양이에게 시련의 계절이다. 겨울이면 길고양이가 먹을 만한 모든 것이 얼어붙고 눈에 묻힌다. 마실 물이 없으니 녀석들은 눈과 얼음을 녹여 먹거나 꽝꽝 언 음식물 앞에서 군침만 삼켜야 한다.

무엇보다 길고양이를 힘들게 하는 것은 폭설과 한파다. 이런 강추위 속에서 한뎃잠을 자는 것은 인간에게도 그렇지만 고양이에게도 가혹한 일이다. 집도 이불도 없이, 더러는 바람벽조차 없는 곳에서 온몸으로 추위를 견뎌야 하는 게 길고양이의 현실이다. 그렇게 견뎌서 무사히 겨울을 나는 것, 그것만이 길고양이의 절박한 바람일 것이다.

조금은 덜 춥게 조금이라도 더 따뜻하게 겨울을 보내려는 길고양이의 행동은 언제나 눈물겹다. 거의 대부분의 길고양이는 볕이 잘 드는 양지를 찾아 해바라기를 하는 것으로 겨우 추위를 달랜다. 어떤 고양이는 누군가 내다버린 담요나 이불로 체온을 덥히거나 바닥이 넓은 스티로폼으로 이부자리를 삼기도 한다. 이도 저도 구할 수 없는 경우엔 그저 서로의 몸과 몸을 맞대고 체온을 나누는 수밖에 도리가 없다.

겨울집 만들어주기

추위를 막고 눈을 피할 수 있는 겨울집을 만들어 주는 것만으로도 길고양이의 겨울나기에 엄청난 도움이 된다. 이사 박스로 불리는 단프라 박스나 골판지 상자로 거푸집을 만들고 질긴 비닐로 감싼 후, 그 안에 대형 스티로폼 상자로 속집을 만든다. 그리고 일명 '뽁뽁이'로 불리는 단열재로 사이를 채워 주면 튼튼하고 따뜻한 겨울집이 완성된다. 고양이가 드나드는 입구에 가림막을 만들어 주는 것도 좋다. 집안에 담요나 옷가지 등을 넣어 좀더 따뜻한 이불을 선물하는 분들도 있는데, 이는 생각보다 큰 효과가 없다. 의류나 이불 등은 눈이 많이 오는 기간에는 오히려 습기를 빨아들여 눅눅해지고, 빨아들인 습기로 인해 얼어 버릴 수도 있어서다.

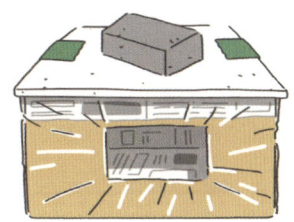

이런 이유로 캐나다 등에서는 이불이나 의류 대신 단열 효과가 좋은 볏짚을 깔아 주는 것을 권하고 있다. 길고양이의 겨울집은 되도록 사람들 눈에 띄지 않는 곳에 두는 것이 좋으며, 집 주변은 정기적으로 청소를 해 주어야 한다. 매년 겨울이 되면 실용적이고 저렴한 고보협 겨울집 공동구매가 진행된다.

밥주기

겨울철에는 길고양이가 추위를 견뎌 내느라 더 많은 열량을 필요로 하므로 평소보다 사료량을 늘려 주거나 열량 높은 간식을 함께 주는 것이 좋다. 이때 간식 캔은 쉽게 얼어 버릴 수 있으므로 되도록 건사료를 주식으로 주는 게 좋으며, 간식류는 당장 눈앞에서 먹을 수 있는 것 위주로 주는 것이 바람직하다.

물 관리

겨울철에는 물이 금세 얼어 버리기 때문에 최대한 어는 속도를 늦추는 게 좋다. 물에 설탕을 조금 타서 주면 물이 어는 속도를 다소 늦출 수 있다고 하며, 아예 적당한 크기의 스티로폼 박스(혹은 스티로폼 컵라면 용기를 여러 개 겹쳐 사용해도 된다)를 구해 그 안에 물그릇을 두는 것도 한 방법이다. 단기적으로는 스티로폼 박스 안에 핫팩을 넣고 그 위에 물그릇을 얹어 놓아도 된다. 다른 방법으로는 생수 대신 닭국물 등을 식수 대용으로 주는 것인데, 이렇게 하면 비록 얼게 되더라도 딱딱한 얼음이 아니라 셔벗처럼 얼기 때문에 고양이가 녹여 먹기에 훨씬 수월해지는 효과가 있다.

엔진룸 확인

길고양이는 추위를 피해 운행 후 온기가 식지 않은 차량의 엔진룸으로 들어가 몸을 녹이거나, 타이어 위에 올라가 몸을 숨기기도 한다. 때문에 차량 운전 시에는 반드시 엔진

룸을 확인하거나 차량의 문이나 보닛을 쾅쾅 두드려 고양이를 내보내야 한다.

여름나기

여름철에 가장 신경이 쓰이는 것은 역시 지루한 장마철 급식소 관리다. 폭우가 쏟아지거나 비바람이 들이치면 급식소의 밥그릇도 안전하지 않다. 따라서 이때는 비가림막을 설치해 주는 것이 좋다. 개미나 달팽이, 벌레로부터 사료를 관리하는 것도 골칫거리다. 사료그릇 주변에 베이킹 소다나 굵은 소금을 뿌려 두면 어느 정도 효과가 있다고 하며, 넓은 그릇에 물을 붓고 그 가운데 사료그릇을 두는 것도 한 방법이다. 사료그릇에 빙 둘러 크레파스를 칠해 두어도 개미가 꼬이지 않는 효과가 있다고 한다.

그러나 무엇보다 중요한 것은 여름철 내내 급식소의 청결을 유지해 주는 것이다. 더운 날씨에는 고정 밥그릇을 놓는 경우 사료가 상하거나 부패하지 않있는지 체크해 주어야 하며, 길고양이를 직접 만났을 때만 습식 사료를 주어야 한다. 먹고 남은 습식 사료를 '다른 길고양이가 와서 먹겠지.'라며 그대로 놓게 되면 파리나 날씨로 인해 상하게 되어 길고양이 건강에도 좋지 않다.

TNR이란?

TNR은 Trap(포획)-Neuter(중성화:불임수술)-Return(방사)를 뜻하는 국제적인 공용어다. 흔히 고양이를 싫어하는 사람들은 길고양이가 쓰레기봉투를 뜯어 거리를 지저분하게 만들고 밤중에도 시끄럽게 운다는 이유로 살처분을 주장하지만 이는 올바른 해결책이 될 수 없다. 오랜 연구와 관찰 결과, 기존의 살처분 방법은 길고양이의 개체수를 줄이는데 실질적인 효과가 없다는 사실이 증명된 바 있다. 한 지역에서 살처분을 실시했을 때 빈자리에 새로운 길고양이가 계속 유입되고(이를 진공효과라고 부른다), 오히려 암컷의 출산율이 높아지기 때문이다.

또한 길고양이 포획 및 살처분을 대대적으로 실시할 경우, 쥐들이 왕성하게 번식할 수 있는 환경이 조성된다는 것도 문제다. 알려져 있듯 쥐는 병균과 질병을 옮기는 매개체이기도 한데, 중세 유럽에서 고양이를 마녀의 동물로 몰아 대대적인 화형과 살처분을 한 결과 흑사병이 전 유럽을 휩쓸기도 했다. 흑사병 외에도 쥐는 신증후성 출혈열(유행성 출혈열), 발진열, 쯔쯔가무시병, 세균성 식중독, 렙토스피라증 등을 옮기는 것으로 알려져 있다.

따라서 적정한 길고양이 수를 유지하면서 현재 제기되는 문제들을 해결할 수 있는 방법을 택해야 하는데, 현재까지 가장 성공적인 방법이 TNR이다. 사실상 TNR은 사후 관리가 핵심이라고 할 수 있다. 중성화로 인해 야생성이 줄어든 길고양이에게 사료와 물을 정기적으로 공급해줌으로써 자기 영역을 지키며 살 수 있도록 도와주는 것이 무엇보다 중요하다. 또한 먹이를 주는 급식소 주변을 항상 청결하게 유지함으로써, 인근 주민의 민원 제기로 길고양이가 피해를 입지 않도록 주의해야 한다.

TNR을 해야 하는 이유

길고양이에게 밥을 주기 시작했다면 TNR에 대해서도 외면하지 말아야 한다. 길고양이는 1년에 최대 3회 정도 임신과 출산을 한다. 이를 환산하면 두세 마리였던 길고양이가 50마리까지 증가하는데 2, 3년밖에 걸리지 않는다는 결과가 나온다.

개체 수가 증가하면 잦은 영역 싸움과 발정 소리는 물론 허피스와 범백바이러스 등 전염병과 질병 감염률도 높아진다. 특히 암컷은 잦은 출산과 임신으로 영양분이 체내에 축적되지 않아 점점 마르고 허약해지기 십상이며, 자궁축농증과 임신 중독으로 힘든 여생을 살게 된다.

TNR은 이와 같은 문제를 해결하는 가장 좋은 방안이다. 또한 민원의 상당부분을 차지하는 발정 소리와 영역 싸움으로 인한 소음 문제도 TNR로 해결할 수 있다. 그러므로 'TNR을 시행하면 길고양이와 공존할 수 있다'고 고양이에 대한 인식이 좋지 않은 주민들을 설득할 수 있고, 길고양이는 길고양이대로 더욱 건강하고 행복한 묘생을 살 수 있게 된다.

대체로 급식 중인 지역의 길고양이 가운데 80% 이상이 TNR을 마쳐야 고양이가 평화롭게 살 수 있는 환경이 만들어진다고 한다.

항간에는 수컷은 TNR을 안 해도 된다는 정보가 퍼져 있는데 이는 사실과 다르다. 수술하지 않은 수컷이 중성화 수술 후 교미에 응하지 않는 암컷을 물어 버리거나 영역에서 몰아내는 경우가 있기 때문에, 암컷만의 수술은 영역을 불안정하게 만드는 원인이 된다. 그러므로 TNR을 실시할 때는 반드시 암컷과 수컷 모두 수술을 해 주어야 한다.

이제 캣맘의 활동은 밥 주는 것에만 머물러서는 안 된다. TNR까지도 책임지는 세심한 돌봄이 있어야 인간과 길고양이의 진정한 공존이 가능해진다.

TNR 이용 방법 4가지

1. 지자체 TNR 이용 방법

내가 살고 있는 지역의 시군구청에 연락하여 길고양이 TNR을 요청하면, 해당 지역의 길고양이 개체 수를 파악하는 작업을 거친 후 관공서와 계약한 포획인이 방문하게 된다. 여기서 유의할 것은 포획하는 날과 TNR 완료 후 제자리 방사하는 당일에, 정확히 포획된 수만큼 방사하는지 현장에서 확인하는 일이다. 캣맘이 참여해 직접 주도하지 않을 경우 엉뚱한 곳에 방사하거나 실종되는 사고가 생기기도 한다. 안전한 수술이 끝이 아니다. TNR의 성공 여부는 수술 받은 길고양이가 제자리로 돌아와 영역을 지키며 건강하게 생존할 때에야 비로소 판단할 수 있다.

지자체마다 조건이 다를 수 있으니 거주하는 지역의 TNR 지원 프로그램을 미리 확인하는 것이 좋다.(서울시 TNR 신청 문의 : 해당 구청 동물관련부서 또는 120 다산콜센터)

모든 것이 지역 예산으로 집행되기에 무료이고, 포획 및 병원으로 이동하는 수고를 덜 수 있다.

 더러 예산 부족으로 연기되거나 접수가 밀렸을 때 대기 기간이 길 수 있다. 또 포획 시 곧바로 병원으로 가지 않고, 포획인 편의대로 다른 지역의 고양이를 포획할 때까지 싣고 다니기도 하므로, 고양이가 체력적으로 또 정신적으로 스트레스를 받는 일이 많다. 때문에 TNR 의뢰인은 포획인에게 포획 즉시 병원으로 가 달라고 요청하는 게 좋다. 또 지자체와 연계된 병원의 평가가 좋은지 알아보는 것도 중요하다. 지자체 민원 처리식 TNR은 길고양이와 캣맘에 대한 배려가 다소 부족한 게 사실이다.

2. 한국고양이보호협회 이용방법

지자체 TNR의 개체 수 조절만을 위한 민원 처리식 TNR이 아닌 인도적인 TNR을 목표로 하고 있다. 이를 위해 안전한 통덫과 마취틀 지원, 소독으로 인한 염증 방지, 안전한 수술과 기본 검진을 함께 진행 및 관리한다. 한국고양이보호협회 홈페이지 내 후원회원 가입 후 'TNR 신청란'에서 접수하면 원하는 날짜와 시간대에 예약이 가능하다. 포획과 이동을 캣맘이 직접 해야 하는 수고로움은 있지만 돌보는 고양이들에게 가장 안전하고 스트레스가 덜한 '캣맘 주도 TNR'이라 할 수 있다.

안전하고 인도적인 TNR을 할 수 있으며, 협회에서 길고양이들에게 수술 후 가장 필요한 2주 분량의 항생제(컨베니아) 비용 또한 지원해 준다.
수컷은 24시간, 암컷은 상태에 따라 3~7일 정도 입원이 가능하다(집에서 직접 케어하고 싶다면 협회에서 무상으로 입원용 케이지를 지원함).
만일 포획된 고양이가 아픈 경우 치료를 지원하는 것도 가능하다(마취나 수술 후 컨디션 회복까지 생각해 적정한 몸무게, 보통 2.5kg 이상의 고양이를 기준으로 수술한다).

 수컷 1만원, 암컷 3만 원 정도의 비용을 부담해야 한다(해마다 꽃 피는 봄이 돌아오면 협회 지원으로 '꽃냥이 무료 TNR 이벤트'를 진행하고 있다).

3. 캣맘 단독 TNR 이용방법

인터넷 이용이나 지자체 TNR에 참여하기 어렵다면 지역에서 활동하는 다른 캣맘과 정보를 공유하거나 인근에서 길고양이 치료를 잘하는 동물병원을 찾아 TNR을 진행하는 것이 좋다.

 기다림 없이 곧바로 동물병원에서 수술이 가능하다.
 가격이 비싸고, 안전성에 대한 검증을 개인이 해야 하는 어려움이 있다.

4. 캣맘 카페나 커뮤니티 또는 동물단체 TNR 방법

길고양이를 돌보는 캣맘이 해마다 증가함에 따라 지역별 커뮤니티인 캣맘 카페나 길고양이 돌봄 카페도 증가 추세에 있다. 지역별 커뮤니티에서 TNR에 대한 정보를 공유한 뒤, 연계 동물병원에서 TNR을 진행하면 된다. 또한 최근에는 카라(kara), 케어(care), 동물자유연대(Korean Animal Welfare Association) 등 대형 동물단체에서도 종종 캣맘을 지원하는 프로그램을 마련하고 있으니 확인해 보는 것도 하나의 방법이다.

 정보 공유를 위한 네트워크를 형성해 더욱 원활하게 길고양이를 돌볼 수 있다.

 자칫 일회성 도움이 될 수 있어 장기적으로 길고양이를 돌볼 시 한계가 있다.

TNR에 대한 잘못된 상식

한 지역에서 1년 이상 꾸준히 밥을 주게 되면 자연스럽게 길고양이의 신상을 파악하게 된다. 시간대 별로 밥을 먹으러 오는 다양한 아이들뿐만 아니라, 무리의 서열부터 영역 내 고양이들끼리의 친밀도나 경쟁 관계까지 알 수 있게 된다.

처음 TNR을 시작하는 캣맘들이 접하게 되는 잘못된 정보 중 이런 것이 있다. 수컷은 TNR을 하면 영역에서 밀려나거나 영역을 떠나야 한다는 것. 그러나 모든 수컷이 TNR을 한다고 해서 영역에서 밀려나거나 영역을 이탈하는 것이 아니므로 속설에 불과하다고 보아야 한다. 고보협은 3년간 30마리에서 80마리 이상 TNR을 진행한 3년차

이상의 캣맘을 대상으로 설문 조사를 진행한 바 있다.

그 결과 영역 이탈과 TNR로 자리를 못 잡는 수컷이 전체 묘구 수의 10%에도 미치지 않았을 뿐더러, 영역을 이탈한 경우에도 인근 300미터 안팎의 근거리 영역에서 발견되는 사례가 많다는 것을 확인할 수 있었다. 그리고 영역 이탈은 캣맘과 수컷 고양이가 서로 충분히 교감하지 못하는 상태에서 무조건 포획과 TNR을 강행한 경우가 대부분이었다.

인간의 성격이 저마다 다양하듯 길고양이 또한 한 마리 한 마리 개성이 다른 '묘격체'라는 것을 명심할 필요가 있다. 그러니 소심한 아이들, 혹은 인연을 맺은 지 얼마 안 된 고양이일수록 믿음이 바탕이 된 TNR을 진행해야 한다. 친해지지도 않은 상태에서 덥석 TNR을 진행한다면 고양이는 캣맘을 신뢰하는 대신 무서운 사람으로 인식할 수 있다. 그런 경우 고양이는 수술 후 밥 시간대를 완전히 바꾸거나 TNR 받은 영역을 떠나 다른 영역으로 피신해 버린다.

TNR을 받은 여느 수컷과 마찬가지로 왕초 고양이의 세계도 다르지 않다. 보통 왕초 고양이들은 TNR을 진행해도 수술하자마자 왕초 자리에서 물러나는 경우는 별로 없다. 대체로 왕초의 자리는 짧게는 1년, 길게는 5년까지 유지되는데, 자리를 위협하는 것은 TNR보다는 영역의 환경과 분위기다. 즉 아래 서열 고양이들의 성장이나 위협, 불의의 사고 등이 더 자리를 위협하는 요인이라 할 수 있다.

앞서 언급했듯 TNR은 암컷과 수컷을 골고루 진행하는 것이 좋다. 만일 암컷은 중성화를 마쳤는데 수컷만 수술이 되지 않았다면, 수컷은 계속되는 발정으로 다른 영역의 암컷을 유입시키거나 중성화한 암컷을 물어 심한 상처를 입히기도 한다.

수컷에 대한 TNR을 반대하는 이유로 수술 후 비만으로 인한 요도 결석을 꼽는 사람도 있는데, 캣맘을 대상으로 한 설문 조사에서 이 또한 큰 문제가 없음을 확인할 수 있었다. 설문 결과 수술한 수컷의 요도 결석 발생률은 3% 미만이어서, 수컷의 요도 결석 발생의 원인이 TNR 때문이라는 근거가 부족했다. 건강에 해가 되는 음식을 먹거나 물이 부족한 환경에서도 요도 결석은 얼마든지 발생할 수 있기 때문이다.

흔히 고양이로 인한 민원 사례 중 가장 많은 것이 영역 싸움 소리와 발정으로 인한 소음, 개체 수 증가, 스프레이로 인한 악취 등인데 이는 TNR을 통해 상당 부분 해결할 수 있는 문제들이다.

분명한 것은 TNR로 인한 단점보다는 TNR로 인한 장점이 훨씬 크다는 것이며, TNR로 인해 고양이의 '삶의 질'도 높일 수 있다는 것이다. 사람과 고양이가 모두 행복하고 안락하게 공존하는 것이 우리가 바라는 것이라면, 길고양이를 싫어하는 다른 사람들의 의견에도 귀를 기울여야 한다.

TNR 주의 사항

TNR 시기

TNR은 가급적 봄, 가을에 하는 것이 좋다. 무덥고 습한 한여름(7~8월)에는 수술 부위가 곪아서 염증이 생길 수 있고, 강추위가 지속되는 한겨울(12~2월)에는 수술 후 체온을 유지하는 데 어려운 점이 있다. 따라서 고양이의 건강과 빠른 회복을 위해서라도 이 시기는 피하는 것이 바람직하다. 또한 금식을 생각한다면 포획은 수술 전날 밤에 하는 것이 가장 좋으며, 비가 오는 날은 피해야 한다.

중성화 수술 전후 주의 사항

중성화 수술 전에는 기본 12시간 정도 금식을 해야 한다. 그렇지 않으면 위에 음식물이 잔류해 수술 후 구토 증세를 일으킨다. 구토를 하게 되면 이물질이 기도를 막아 산소 공급이 원활하지 않게 되고, 사망에 이를 수도 있다. 포획을 위해 미끼를 제공하는 경우는 어쩔 수 없다 해도 기본 12시간, 최소 6시간 동안은 반드시 금식을 시켜야 한다.

중성화 수술 후에도 암컷은 최소 72시간 이상, 수컷은 최소 24시간 이상의 후처치(고양이를 안전하고 따뜻한 곳에 두고 물과 사료를 제공하며 몸 상태를 지켜보는 것)가 필요하다. 그러나 지나치게 오랜 시간을 보호하게 되면 도리어 스트레스가 가중될 수 있고, 자신의 영역을 잃을 수도 있으니 장시간의 후처치는 옳지 않다. 또한 수술 후 마취가 깨고서도 최소 8시간 동안은 금식을 시켜야 한다. 수술로 인한 스트레스와 통증 때문에, 또는 소화가 잘 되지 않아서 구토 증상을 보일 수 있기 때문이다.

금식을 끝낸 뒤 첫 식사 때는 사료와 물의 양을 조금만 주고, 구토 증세가 있는지 살펴본다. 구토를 하지 않는다면 평소의 절반 정도의 양을 줘도 된다. 더러 수술 후 통증과 스트레스로 식사를 거부하는 고양이도 있는데, 이틀이 지나도 아무것도 먹지 않거나 구토나 호흡곤란 증세를 보이고, 또는 피를 흘리거나 의식이 없다면 수술이 잘못된 것일 수 있으니 곧바로 병원에 데려가는 것이 좋다.

중성화 수술 후 방사

길고양이가 완전히 회복하여 방사할 때는 반드시 포획한 장소에 방사하도록 한다. 다만 비나 눈이 오는 날에는 방사를 피하는 게 좋다. 수술 후 체온 유지가 어려워 저체온증으로 위험해질 수 있기 때문이다. 방사할 때는 통덫 문을 바로 열지 않고 10~15분 정도 고양이가 시야를 인식하도록 기다려 준다. 그리고 차가 없는지 확인한 후 안전한 방향으로 입구를 놓고 서서히 열어 준다. 포획한 시간대에 방사를 하는 것이 기본이지만 안전을 위해 너무 어둡지 않을 때 방사하도록 한다.

'2주 항생제' 주사

길고양이가 사는 환경은 청결하지 못하기 때문에 수술 후 언제나 감염 위험에 노출돼 있다. 따라서 중성화 수술 후 2주 동안 감염을 예방한다 하여 '2주 항생제'로 불리는 컨베니아(Convenia) 항생제를 상처가 쉽게 덧날 수 있는 여름이나 겨울에는 꼭 맞춰주는 것이 좋다.

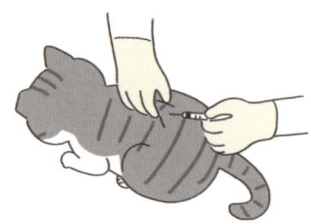

불법 포획업자 발견 시 대처 요령

지자체 TNR 사업이 점차 늘면서 길고양이 불법 포획업자들도 기승을 부리고 있다. 이들은 구청 TNR을 사칭하며 마구잡이로 고양이를 잡다 소위 '건강원'에 팔아넘긴다. 그리고 건강원에서는 불법 포획업자들에게 5천원에서 3만원 사이의 가격에 고양이를 사들인다.

그러나 사실 건강원에서 파는 고양이 중탕은 관절염에 아무 효과도 없을뿐더러 부작용만 일으킬 뿐이다. 더구나 이런 포획과 판매 모두 축산물위생관리법과 동물보호법 위반에 해당한다. 건강원의 '고양이탕' 판매와 불법 포획업자에 대한 법적 처벌을 강화하지 않는 한 길고양이들의 불필요한 희생은 계속될 것으로 보인다.

불법 포획업자들은 현장에서 발각돼도 되레 공무원을 사칭하며 캣맘을 협박하기도 한다. 신고해서 처벌받게 하지 않는 한 이들은 손쉽게 돈을 벌 수 있는 불법 포획을 계속 반복할 것이다. 그러니 불법 포획 현장을 목격했다면 즉시 차량 번호와 포획된 고양이 사진을 촬영하여 증거를 확보한 후, 112나 동물단체에 신고해야 한다. 112 신고로 방문 경찰관이 도착했으나 해당 경찰이 불법 포획에 무지한 상태라면, 길고양이 포획은 엄연한 불법임을 분명하게 알려 주어야 한다.

고양이 불법 포획업자 식별요령

4~50대 남성, 2인 1조로 포터, 트럭, 봉고 등을 타고 다님. 공무원 TNR 중이라 사칭, 트럭 짐칸에 30개가량의 무허가 통덫이 실려 있음. 주로 낮시간에 고양이가 많은 지역을 현장 방문한 후, 밤 11시~12시에 통덫을 설치하고 새벽 3~5시 수거하는 식으로 불법 포획. 불법 포획업자 목격 시 112나 동물단체에 신고 바람.

길고양이 구조 및 포획틀 신청

 친화적인 성격의 길고양이가 아니라면 절대 이불, 잠자리채, 박스 등으로 구조해서는 안 된다. 자칫 길고양이도 사람도 포획 과정에서 크게 다칠 수 있기 때문이다. 길고양이를 구조할 때는 가급적 포획틀(통덫)을 사용하는 게 안전하다.

 포획틀은 몇몇 고양이 관련 커뮤니티나 인터넷 쇼핑몰에서 구입할 수 있는데, 고양이의 안전을 고려하지 않은 포획틀도 더러 있으니 유의해야 한다. 만일 한국고양이보호협회에 가입한 회원이라면 홈페이지에 방문해 '통덫 신청'을 하면 안전한 포획틀을 대여할 수 있다(포획이 급한 경우 유료 퀵서비스로 요청하면 된다).

 포획틀을 설치할 때는 그동안 밥을 주고 보살핀 캣맘이 직접 해야 고양이의 경계심도 훨씬 덜해진다. 포획틀을 설치한 후에는 인내심을 가지고 멀리서 지켜보아야 하며, 포획에 성공했더라도 최대한 고양이를 안심시킨 뒤 스트레스를 받지 않도록 이불이나 천막 등으로 포획틀을 덮어서 이동하는 게 좋다.

참고로 한국고양이보호협회 후원회원의 경우 협력병원 예약 및 치료비 일부를 지원받을 수 있으며, 간단한 상처나 교상의 경우 '약품 신청'란에서 비상 약품을 무상으로 지원받을 수도 있다. 다만 구조한 고양이의 상태가 위급한 경우에는 인근 동물병원에서 신속하게 응급조치를 받는 게 좋다.

길고양이를 구조할 때 쓰이는 포획틀

포획틀 사용 시 주의 사항

1 차분하게 기다리자

포획의 기본은 인내심이다. 고양이를 위해 꼭 포획하겠다는 마음으로 차분하게 기다려야 한다.

2 고양이에게 탐색할 시간을 주자

포획틀을 설치한 적이 없는 장소에서는 설치 후 바로 잡힐 때도 있지만, 입구 쪽으로 들어가다 나오거나 입구에 앉아서 기다리는 경우도 있다. 고양이는 호기심이 많은 만큼 경계심도 많아서 포획틀을 보면 일단 탐색을 한다. 가까이 다가가 살펴보고, 멀리 숨어서 관찰하기도 하고, 몇 번을 왔다 갔다 할 때도 있다. 포획인이 초조한 마음으로 포획틀을 자꾸 기웃거린다면 멀리서 지켜보는 고양이의 불안감만 자극할 뿐이다.

3. 가만히 지켜보자

포획틀은 입구가 멀리서도 보일 수 있도록 설치하는 것이 좋다. 또한 고양이가 틀 가까이 접근하면 움직이지 말고 가만히 지켜보아야 한다. 감각이 발달한 고양이는 멀리서의 작은 움직임도 간파하고 경계하여 틀 속으로 발을 들여놓지 않는다.

포획틀을 자주 옮기지 말자

초조한 마음에 포획틀을 자주 옮기지 않도록 한다. 고양이는 여러 번 탐색한 후에야 틀 안으로 들어가는 경우가 많다.

미끼용 먹이

포획이 잘되는 미끼용 먹이는 뜨거운 물로 한 번 씻은 참치캔, 냄새가 강한 고양이 간식 캔, 뼈 없는 후라이드 치킨, 캣닢 등이다.

미끼용 먹이는 발판 가까이

틀 안에 놓는 미끼용 먹이는 발판 가까이 두는 게 좋다. 영리한 고양이는 바깥에서 앞발을 넣어 꺼내먹는 경우가 많다.

7 다른 고양이가 보지 못하게 한다

포획 시 먹이는 넉넉히 준비하여 포획 대상이 아닌 다른 고양이가 포획틀에 접근하지 못하도록 유인해야 한다. 이후의 포획을 위해서라도 포획틀에 고양이가 갇히는 모습을 다른 고양이가 보게 해선 안 된다.

8 포획에 성공해도 침착하자

포획에 성공했다고 해서 소리를 지르거나 쿵쿵 발소리를 내며 뛰어가면 안 된다. 포획된 고양이가 놀라거나 스트레스를 받을 수 있고, 주위에 있던 다른 고양이들도 포획틀을 경계할 수 있기 때문이다.

9 포획틀을 소독하자

소심한 고양이들은 포획틀에서 다른 고양이 냄새가 나면 절대 들어가지 않는다. 포획 시 한 번 사용한 틀은 반드시 소독을 한 뒤 사용하는 게 좋다. 포획틀 소독 방법은 락스 희석액(1/20~1/50)을 스프레이로 뿌려 냄새를 제거한 후 햇빛에 잘 말리는 것이다.

10 철제 통덫은 패드를 깔아주자
철망을 싫어하는 고양이를 위해 철제 통덫은 배변용 패드나 신문지를 접어 깔아 주는 것이 좋다.

11 만일을 대비해 배변용 패드를 준비하자
포획 후 이동 시 고양이가 긴장해서 소변을 볼 수도 있으니 배변용 패드나 휴지를 넉넉히 준비해야 한다. 수술 후에도 패드를 깔아서 이동하는 게 좋다. 특히 대중교통을 이용할 때 당황하는 일이 없도록 미리 준비한다.

12 포획틀을 위장하자
포획틀 설치 후, 커다란 수건이나 천으로 입구를 제외한 틀의 3분의 2가량을 덮어 주는 것이 좋다. 설치 시 위장 효과와 길고양이가 포획됐을 때 완전히 덮어 진정시키는 효과가 있다.

선택 포획을 할 수 있는 수동 포획틀

최근 캣맘들은 고양이를 구조할 때 기존의 철제 통덫보다 플라스틱으로 제작된 안전한 포획틀을 많이 사용하고 있다. 플라스틱 포획틀은 철제 통덫보다 가볍고 사용법도 쉬우며, 입구가 투명 판으로 만들어져 있기에 포획한 고양이의 상태를 확인하거나 지자체 TNR을 할 때 포획 및 방사 사진을 찍기가 수월하다.

이 플라스틱 포획틀은 수동 포획이 가능하며, 기존의 철제 통덫을 경계하여 들어가지 않던 고양이를 포획할 때 유용하게 사용할 수 있다. 고양이 포획에 앞서 틀 안에 먹

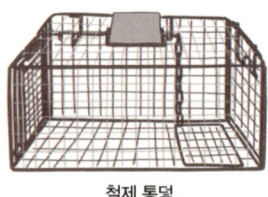
철제 통덫

플라스틱 포획틀

이를 넉넉히 넣어 주고, 근처에도 밥그릇을 두어 한동안 급식소로 위장하면 이후의 포획도 수월해진다.

수동 포획틀은 틀 위에 설치된 가운데 고리에 긴 줄을 연결해 멀리서 잡아당기면 차단막이 내려오는 구조로 되어 있다. 포획 대상이 아닌 고양이가 먹이를 먹기 위해 틀 안을 드나들어도 그냥 두면 된다. 오히려 구조 대상 고양이는 이런 상황을 보고 안심하고 들어가게 되는데, 그때 줄을 잡아당기면 된다. 수동 포획 시 미리 안 보이는 곳에서 한두 차례 모의 연습을 해보는 것도 성공적인 포획을 위한 좋은 방법이다.

TIP 길고양이 무게 측정 팁

체중을 잴 때 총 무게에서 포획틀 중량을 빼면 알 수 있다.(고보협 포획틀 기준)
- **신형 포획틀**(노란플라스틱) 3.84kg
- **구형 통덫**(철제) 4.66kg

고양이의 임신 기간은 약 2개월이다.
5~6주째가 되면 배가 부푼 것을 육안으로 확인할 수 있다.

길고양이의 임신과 출산

길고양이가 임신과 출산을 하게 되면 힘든 거리 생활은 더더욱 고달파진다. 급식소가 없는 지역의 길고양이는 먹을거리를 찾아 임신한 채, 또는 수유 중인 몸으로 이곳저곳을 돌아다닌다.

그러나 아무리 돌아다녀도 영양가 있는 음식을 찾기란 쉽지 않다. 굶주린 고양이는 살아남기 위해 누군가 버린 닭뼈며 문드러진 김치, 쉰밥까지 가리지 않고 먹는다. 캣맘의 보살핌을 받지 못하는 고양이로서는 이것저것 가릴 처지가 아니기 때문이다.

은신처 또한 대부분 깨끗하지도, 안전하지도 않다. 환경이 지저분하고 영양 상태가 안 좋다 보니 임신묘가 대여섯 마리의 새끼를 낳아도 살아남는 아기고양이는 고작 한두 마리에 불과하다. 이런 사정을 누구보다 잘 아는 캣맘으로서는 임신묘를 만나게 되면 불쌍하고 안타까운 마음부터 드는 게 사실이다. 그래서 더러 출산을 돕고 싶은 측은지심으로 임신묘를 집으로 들이는 경우가 있다.

하지만 오랜 동안 교감을 나눈 사이가 아니라면 이것은 매우 위험한 행동이다. 우선 한 캣맘이 출산을 도울 목적으로 임신묘를 임보처에 보냈다가 갑자기 바뀐 환경에 적응하지 못한 임신묘가 방충망을 뚫고 탈출한 사례가 있다. 또한 임보처에서 유산을 하거나 새끼를 낳자마자 죽인 사례도 종종 목격할 수 있다. 처음 접하는 환경과 임보처의 낯선 사람이 임신묘에게는 엄청난 공포와 스트레스로 다가온 것이다.

오랜 동안 교감을 나누며 돌보아 주던 캣맘이 아니라면 섣불리 고양이를 집으로 들여서는 안 된다. 사실 길에서 살아가는 임신묘라면, 안전하고 건강하게 출산할 수 있도록 옆에서 충분한 먹이를 주고 보살펴 주는 것만으로도 커다란 힘이 된다. 임신 기간에 임신묘에게 가장 필요한 것은 영양이 풍부한 사료와 캔, 깨끗한 물이다. 출산 이후 수유 기간이나 육묘 기간에는 닭 가슴살이나 단단한 캔처럼 새끼들에게 물고 갈 수 있는 음식을 놓아 두는 것도 큰 도움이 된다.

만일 임신묘의 은신처가 지저분하고 시끄럽다면, 인적

이 없고 깨끗한 장소에 산실 박스를 만들어 주는 것도 좋다. 이때 임신묘에게 미리 산실을 보여 주며 출산을 하는 곳이란 걸 알려줄 필요가 있다. 의외로 새끼를 낳을 곳을 찾지 못해 길 한복판이나 주차장, 하수로 같은 곳이나 인적이 많은 장소에서 출산하는 당황스러운 사례가 많다.

 이런 일을 막기 위해서라도 자신이 돌보던 임신묘의 산실을 미리 만들어 주는 것이 좋으며, 일단 임신묘가 드나들기 시작하면 되도록 그곳을 들여다보지 않는 게 좋다. 임신묘가 위험을 느껴 출산 장소를 옮길 수도 있으며, 새끼를 물고 다른 곳으로 이동할 수도 있기 때문이다. 이 과정에서 캣맘은 임신묘의 건강을 위해 먹이를 챙기고 멀리서 지켜보며 안전한 출산과 육묘를 돕는 게 최선이다.

어쩔 수 없이
임신묘를 집으로 들였을 때

어미고양이에게 필요한 환경

어미고양이는 본능적으로 아기고양이를 안전한 곳에 두려 하기 때문에 무엇보다 조용한 개인 공간이 필요하다. 만일 어쩔 수 없이 임신묘를 집으로 들였다면 가장 먼저 임신묘가 안전하고 편안하게 느낄 수 있는 집을 마련해 주는 게 좋다. 안전하지 않은 공간은 어미고양이를 불안하게 만들고 스트레스를 주게 되며, 이는 결과적으로 어미고양이를 공격적으로 변하게 만든다. 뿐만 아니라 출산 후 새끼를 제대로 돌보지 않을 수 있으며, 극단적으로는 아기고양이를 해치는 행동으로 이어질 수도 있다.

임신묘를 집으로 들이기 전에 가장 먼저 생각해야 할 것은 고양이가 머물 방이다. 머물 방이 정해졌다면 박스 등으로 방 안에 한곳 이상의 안전한 공간을 마련해 주고, 화장실도 미리 준비해 두어야 한다. 임신묘가 아니더라도 성묘는 새로운 환경에 적응하는 데 꽤 오랜 시간이 걸린다. 적게는 며칠, 많게는 한 달 이상 걸릴 수도 있다. 친해지고 싶은 조급한 마음에 고양이를 만지는 행위는 가급적 자제해야 한다. 또 고양이 화장실은 되도록 사료와 물이 있는 장소에서 멀리 두는 것이 좋다. 화장실은 냄새가 나지 않도록 자주 치워 주고, 아기고양이들이 화장실을 이용하기 시작하면 따로 화장실을 마련해 주는 게 좋다.

어미고양이의 아기고양이 돌보기

아기고양이는 태어난 지 1~2시간이면 젖을 빨기 시작한다. 눈도 뜨지 못한 아기고양이는 체온으로 어미고양이를 찾고, 어미고양이는 가까운 곳에서 아기고양이들이 쉽게 젖을 먹을 수 있도록 자세를 취한다.

어미고양이의 수유는 세 단계를 거치는데, 1단계(아기고양이가 눈을 뜨지 못한 상태)에서는 어미고양이가 아기고양이를 깨워 젖을 물리고, 2단계(눈을 뜬 상태)에서는 아기고양이가 수유를 원할 때 어미고양이가 젖을 물리게 된다. 3단계(5주 이후)가 되면 어미고양이는 젖을 빨려는 아기고양이들을 조금씩 피하기 시작하며, 아기고양이에게 수유 대신 먹이를 물어다 주기 시작한다. 이때가 사실상 젖떼기 단계로, 보호자는 물에 불린 사료를 아기고양이에게 주기 시작해야 한다.

어미고양이는 출산 후 첫 2~4주 동안은 아기고양이의 털을 핥아 주는 것은 물론 항문 주위를 핥아 줌으로써 배변을 자극하고, 배설물까지 먹어서 처리한다. 이는 육묘 공간을 깨끗하게 만들고, 아기고양이의 건강을 유지하는 데도 효과적이다.

그러나 종종 어미고양이 중에는 육묘를 등한시하는 어미고양이도 있다. 애당초 모성본능이 약한 어미고양이도 있으며, 선천적으로 약하게 태어났거나 결함을 갖고 태어난 아기고양이의 경우 어미로부터 버림을 받을 수도 있다. 환경적 요인도 작용하는데, 머무는 공간이 소란하거나 보호자가 자주 들여다보면 스트레스로 새끼 돌보기를 소홀히 할 수 있다. 따라서 보호자는 주변의 소음을 차단해 주고, 첫 2주 정도는 급식과 화장실 청소를 할 때 외에는 가급적 은신처를 들여다보지 않는 게 좋다.

보통 어미고양이와 아기고양이는 8주가 되기 전에는 떼어놓을 필요가 없다. 하지만 어미고양이가 다음과 같은 이유로 돌보지 않는 경우에는 격리해 주는 게 좋다.

- 젖을 물리지 않고, 그루밍을 해 주지 않는다.
- 아기고양이가 우는데도 내버려 둔다.
- 아기고양이가 5주가 지나지 않았는데도 회피한다.

어미고양이나 아기고양이에게 건강상의 문제나 전염병이 있는 경우에는 당연히 서로 격리해야만 한다.

㉖ **CAT GUIDE**는 San Francisco SPCA 자료를 참조했습니다.

아기고양이를 함부로
냥줍하지 말 것

해마다 봄이 되면 일명 '아깽이 대란'이라 불리는 길고양이 출산 시기가 온다. 이때 곳곳에서 발견되는 아기고양이들로, SNS에는 어미와 떨어진 아기고양이 사진과 함께 임보처나 수유처를 구한다는 글이 넘쳐난다. 하지만 이 '아깽이들' 중에는 어미고양이가 잘못돼 버려진 아기고양이보다 사람들의 인위적인 냥줍(길에서 고양이를 데려가는 것)으로 생이별을 하게 된 경우가 대부분이다.

어미고양이가 사고를 당해 아기고양이를 돌볼 수 없게 되었거나 건강상 문제로 아기고양이가 죽어 가는 경우라면 구조해야 하는 것이 당연하지만, 단지 귀엽다는 이유로 혹은 어미가 돌보고 있는 상태임에도 알아보지 않고 데려온다면 유괴나 납치와 다를 바 없다. 냥줍을 해야 한다면 구조하는 이유가 무엇인지를 잘 생각하고 판단해야 한다.

흔히 많은 분들이 길에서 아기고양이가 울고 있는 것을

보고 곧바로 어미가 없다고 여겨 데려오는 경우가 많다. 하지만 이 경우 어미고양이는 수유를 위해 먹이활동을 떠난 것일 수도 있으며, 은신처를 바꾸기 위해 한 마리씩 물고 이동을 하는 중일 수도 있다.

그리고 길에서 아기고양이를 발견했을 때 섣불리 만지는 경우가 있는데, 아기고양이에게서 나는 냄새가 달라지게 되면 자칫 어미고양이에게서 버림받을 수 있다. 또한 아기고양이가 있는 은신처를 자꾸 들여다보거나 만지면 멀리서 지켜보던 어미가 그 장소를 포기할 수도 있으니 주의해야 한다. 어미고양이를 위해 항상 물과 사료를 충분히 주되 은신처 가까이 먹이를 두는 것은 삼가야 한다. 다른 길고양이가 먹이 냄새를 맡고 은신처로 접근할 수 있기 때문이다. 이는 아기고양이에게 또 다른 위협이 될 수 있다.

만일 길에서 아기고양이가 울고 있다면 어미를 부르는 소리일 수 있으니 최소 8시간에서 12시간까지는 지켜볼 필요가 있다. 오랜 시간이 지나도 어미가 보이지 않거나 아기고양이의 상태가 좋지 않아 보인다면 그때 구조하는 게 옳다.

구조를 한 뒤에는 아기고양이를 끝까지 책임지거나 입양을 보내야 한다. 단지 귀엽다는 생각으로 데려와서는,

아기고양이 때만 잠시 인형놀이 하듯 돌봐 주다가 이내 동물병원이나 보호소에 버리는 무책임한 이들이 허다하다. 또한 불쌍한 마음에 구조를 했다가 막상 책임은 지지 못하고 곧바로 보호소로 보내는 경우도 많다.

우리나라의 보호소는 고양이를 보호하는 곳이 아니다. 보호소로 간 고양이들은 전염병에 걸리거나 좁은 철장에 갇혀 울다가 10일 이내 살처분되고 만다. 한순간에 아기고양이를 잃어버린 어미고양이에게도 이것은 엄청난 상처와 충격으로 남을 수 있다.

길고양이 입양

　길고양이를 입양하기에 앞서 가장 중요한 것은 상대 고양이와의 교감과 성격 파악이다. 가끔 SNS나 인터넷 고양이 커뮤니티에는 아무런 준비나 교감의 과정도 거치지 않은 채 무작정 길고양이를 데려다 키우겠다는 글들이 올라오곤 한다. 야생성을 가지고 살아가는 길고양이는 그들 나름의 자유와 질서가 있고, 길 위에서의 삶이 있다. 그리고 그것은 마땅히 존중받아야 한다.

　캣맘이 돌보는 길고양이 역시 마찬가지다. 야생성을 무시하고 억지로 집에 들일 경우 여러모로 문제가 될 수 있다. 하루아침에 자유를 잃은 길고양이가 집 안 구석, 가구나 냉장고 뒤에 숨어 평생을 스트레스 속에서 살게 될 수도 있으며, 적응에 실패해 결국 병을 얻어 죽는 사례도 있다.

　사람의 입장에서는 길에서 고생하는 불쌍한 고양이를 집으로 데려간다고 생각하겠지만, 고양이 입장에서는 느

닷없이 납치를 당해 정든 영역을 떠나는 것이나 다름없다. 이렇게 강제로 집안에 들인 고양이는 안락함을 느끼기보다는 틈만 나면 방충망을 뜯고 집을 뛰쳐나갈 궁리를 한다. 더러 탈출에 성공한다 해도 원래 자신의 영역으로 돌아갈 수 있는 확률은 극히 낮다. 결국 영역 이탈묘가 되어 더욱 험난한 묘생을 살게 되는 것이다.

물론 누군가 버리고 간 유기묘나 어미를 잃고 죽어 가는 아기고양이, 심하게 다쳐 사람의 보살핌이 필요한 고양이라면 당연히 구조 후 입양을 하는 게 옳다. 이런 경우 입양이 어렵다면 고양이 커뮤니티나 SNS에서 입양처를 찾아주는 것도 좋은 방법이다.

또 만일 자신이 돌보는 길고양이가 안쓰럽고 힘겨워 보여서 도저히 그냥 지나칠 수 없다고 생각한다면, 서두르지 말고 천천히 교감을 나누고 신뢰를 쌓은 뒤 입양하는 게 순서이다. 그리고 무엇보다 납치를 하거나 스트레스를 주려는 의도가 아니라는 것을 고양이에게 지속적으로 전달해야 환경이 바뀌어도 놀라지 않는다.

길고양이 입양 시
생각해 보아야 할 것들

고양이를 집에 들여 키운다는 것은 평생을 책임진다는 의미다. 단지 귀엽다는 이유로 아무런 대책 없이 데려오는 것은 고양이에게도 당신에게도 불행한 일이 될 수 있다.

> 집안에서 자라는 고양이는 평균 수명이 15년 안팎이다. 그렇다면 최소 15년 이상 이 고양이를 책임질 수 있는가? 결혼이나 이사, 유학, 출산 등으로 생활 환경이 바뀌어도 끝까지 돌볼 수 있는가?

> 고양이를 키우려면 당연히 비용이 들어간다. 일단 사료와 간식, 화장실, 고양이 모래, 스크래쳐, 캣타워, 장난감 등의 고양이 용품과 유지비가 필요하고 고양이가 아플 경우 별도의 의료비 지출도 생각해야 한다. 고양이 한 마리당 월 평균 지출이 15만 원 정도라는 통계도 있다. 이런 비용 지출을 충분히 감당할 수 있는가?

> 함께 사는 가족이나 동반자가 반대할 경우, 이를 극복할 수 있는가?

> 집안에 고양이 알레르기가 있는 식구가 있는지 살펴볼 필요가 있다. 만일 고양이 알레르기가 있는 사람이 있다면 어떻게 할 것인가?

> 자신이 사는 거주 공간이 반려동물을 기를 수 있는 곳인지도 알아봐야 한다. 자신이 사는 곳이 고양이와 함께 살기에 적합한 환경인가?

> 흔히 고양이는 개보다 손이 덜 간다는 말을 한다. 하지만 기본적으로 밥을 주고 화장실을 청소하며 목욕을 시켜 주어야 하고, 놀아 주거나 함께 시간을 보내야 한다. 그렇게 할 수 있는 시간과 여유가 있는가? 끝까지 책임질 수 있는가?

길고양이 입양 시
필요한 용품들

고양이를 입양해 집안에서 키우게 되면 기본적으로 필요한 용품들이 있다. 이런 용품들은 고양이가 새로운 환경에 적응하는 데 도움이 될 뿐 아니라, 지속적인 실내 생활을 위해서도 꼭 필요하다.

이동장

고양이를 데리고 병원을 가는 등 함께 이동할 때 안전을 위해 꼭 필요한 물품이다. 이동장을 싫어하거나 거부하는 고양이가 많으니 어릴 때부터 이동장을 곁에 두고 드나들 수 있도록 하면 이동장을 익숙한 물건으로 여기게 된다. 이동장을 고를 땐 공간이 넉넉하고 환기가 잘되는 것이 좋다.

사료 대신 가정식으로 생고기를 조리해 주는 경우도 있다.

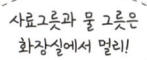

사료그릇과 물 그릇은 화장실에서 멀리!

사료

건사료(일반사료)와 습식 사료(캔)가 있으며, 자묘용 사료와 성묘용 사료가 따로 있다. 고양이 식성과 기호에 맞게 적당한 사료를 선택해 고르면 된다.

사료그릇과 물 그릇

사료와 물을 담을 수 있는 두 개의 그릇이 필요하다. 너무 가벼워서 엎기 쉬운 재질의 그릇은 피하는 게 좋다. 세척하기 쉬운 스테인리스나 세라믹 그릇이 무난하다.

화장실과 화장실 모래

고양이 화장실은 '후드 형'과 '평판 형'이 있으며, 각각의 장단점이 있다. 평판 형은 고양이가 드나들기 쉽고 환기가 잘되지만 모래가 많이 튀는 단점이 있는 반면, 후드 형은 모래가 튀는 것을 막고 고양이에게 아늑한 느낌을 준다. 고양이는 후각이 민감하므로 화장실은 되도록 식사 장소와는 떨어진 곳에 두는 것이 좋다. 모래를 대체할 수 있는 재료는 실리카겔, 펠렛, 곡물, 종이 등 다양한데 집안 환경과 고양이의 특성, 청소하기 쉬운 것과 비용을 고려해 선택하면 된다.

고양이집 혹은 캣타워

고양이는 따뜻하고 푹신한 곳을 좋아하므로 집을 꾸밀 때도 참고하면 좋다. 종이 상자에 이불이나 수건을 깔아 만들어 줘도 되며, 시판되는 고양이집을 구입하려 한다면 침대나 방석, 이글루 스타일의 집 등도 있다. 그러나 사실 고양이는 사람의 침대나 소파, 컴퓨터 책상, TV 장식장, 책장, 냉장고 위, 사람의 무릎 등 거의 모든 곳을 집으로 만드는 경향이 있다. 고양이가 자는 곳이 바로 고양이 집인 셈이다. 휴식 공간과 놀이 공간을 동시에 충족시켜 주는 캣타워 또한 고양이에게는 유용한 물품이다.

스크래쳐

고양이는 본능적으로 발톱을 갈고 스크래치를 함으로써 자신의 영역과 존재감을 알리기도 한다. 스크래쳐가 없다면 집안의 소파나 가구, 벽지 등을 대신 긁을 수 있으니 가급적 마련해 주는 게 좋으며, 고양이의 취향과 특성에 따라 삼줄을 감은 수직 형, 골판지, 평판 형, 카펫 형 중에서 선택하면 된다. 되도록 스크래쳐는 잠을 자는 공간이나 휴식 공간에 설치해 주는 게 효과적이고, 여러 형태를 같이 둘 필요도 있다. 만일 스크래쳐를 사용하지 않을 때는 캣닙 가루 등을 뿌려 흥미를 유발할 수 있다.

그밖에 필요한 것들

고양이 몸단장을 돕는 빗이나 솔질 도구, 고양이 전용 발톱깎이, 고양이용 샴푸, 고양이용 칫솔과 치약, 고양이와 놀아 줄 때 필요한 깃털 낚싯대 등이 필요하다. 아기고양이일 때부터 빗질과 발톱깎이, 양치질을 시작해 몸을 만지는 것에 익숙해지게 하는 것이 좋다.

길고양이 입양 시 주의 사항

길고양이를 입양하거나 임시 보호하기로 결정했다면 무작정 집에 들이지 말고, 5~10시간 안에 동물병원을 방문하여 기본적인 검진을 받아야 한다. 혈액 검사나 엑스레이 촬영과 같은 건강 검진 목적의 검사는 차후 문제가 발견되었을 때 해도 늦지 않다. 현재 함께 살고 있는 다른 고양이에게 전염될 수 있는 병을 비롯하여 처음 집에서 생활하게 될 고양이에게 우선적으로 필요한 필수 검사 항목은 아래와 같다.

귀 진드기 검사

길이나 야생에서 사는 길고양이들은 대부분 귀 진드기가 있다. 귀 진드기가 있는 고양이는 귀를 심하게 털거나 긁게 되고, 이로 인해 귀에 상처나 염증이 생길 수 있다. 실제로 귀 진드기가 심한 고양이 중에는 귀가 찢어져 봉합 수술을 받은 사례도 있다. 집에 이미 다른 반려묘가 있다면 필히 귀 진드기 검사를 해야 한다. 사람에게 옮길 가능성은 적지만, 고양이 사이에서는 쉽게 옮길 수 있다. 귀 진드기를 완전히 없애려면 한 달 가량 꾸준히 치료와 관리를 해 줘야 하기에, 고양이도 사람도 적잖이 고생해야 한다. 귀 진드기가 발견되면 일반 소독제가 아닌 '오리더밀' 같은 귀 진드기 전용 연고를 발라 달라고 요청해야 한다. 간혹 일반 소독제로만 치료하는 병원이 있는데, 이는 도움이 되지 않을뿐더러 오히려 잦은 소독이 탈이 되어 귓속이 헐 수도 있다.

범백 검사

집에 들인 고양이가 구토나 설사를 하고 식욕이 없다면, 혹은 아픈 고양이를 구조하여 집에 들이는 거라면 동물병원에서 반드시 범백 검사를 하는 것이 좋다. 범백 바이러스는 치명적일뿐만 아니라 전염성이 높다. 게다가 잠복기에는 확인이 안 될 수도 있어 더욱 위험하다. 집에 들이려는 길고양이가 이미 범백 진행 중일 수도 있으니 미리 검사를 하는 것이 좋다.

분변 검사

원충, 회충 등 기생충에 감염된 길고양이들이 많다. 길 위의 비위생적인 먹이가 원인이 되기도 하고, 어미에게서 기생충이 감염된 채 태어나는 경우도 있다. 기생충에 감염되었다고 해서 당장 생명에 지장을 주는 것은 아니지만 설사를 유발하고, 살이 찌지 않으며, 면역력이 약해질 수 있다.

따라서 집에 다른 반려묘가 있다면, 원충이나 회충이 있는지 알아보기 위해 분변 검사를 반드시 거쳐야 한다. 같은 밥그릇, 물그릇, 화장실을 사용하는 것만으로도 감염이 될 수 있다. 특히 원충은 전염성이 높고, 쓴 약을 3주 이상 먹여야 하는 등 치료 과정도 매우 힘든 편이다. 만일 당장 동물병원에 갈 수 없는 상황이라도 기본적인 구충은 필수적이다.

기타

마지막으로 집에 이미 기르던 고양이가 있다면 바로 합사를 하지 말고, 혹시 모를 병이나 서로에 대한 적응을 위해 격리해 주는 것이 좋다. 다른 방에 개별 화장실과 밥그릇, 물그릇을 놓아 주고 박스 등도 함께 두어 안정감을 느끼도록 해 줘야 한다. 집에 다른 고양이가 없을지라도 바뀐 환경에 적응을 못하는 고양이들이 있을 수 있으니, 숨을 공간이나 고양이 집을 비치해 주면 좋다. 출근 등으로 집을 비울 때 텔레비전이나 라디오를 켜 두면 사람에게 적응하는 데도 도움이 된다. 고양이가 좋아하는 하프 음악이나 유튜브에 있는 '골골송'을 검색해 켜 두고 나가는 것도 적응을 돕는 한 가지 방법이다.

아기고양이 돌보기

아기고양이는 태어난 지 1주가 지나야 눈을 뜨고, 3주가 지나야 이가 나고 또 걸음마를 시작한다. 이 시기 아기고양이는 체온 조절 능력이 없어서 젖은 상태로 두거나 추운 곳에 방치하면 대단히 위험하다. 지저분하다고 목욕을 시키는 것도 위험할 수 있으므로 삼가야 한다.

우유를 줄 때도 따뜻하게 데워서 급여해야 한다. 아기고양이에게는 일반 우유가 설사를 유발하여 탈수 증상을 일으킬 수 있으므로, 반드시 고양이 전용 우유(또는 분유, 처음에는 설사를 하는 경우가 있음)를 구입해 먹여야 한다. 보통 아기고양이에게는 2~6시간마다 젖병(젖병을 빨지 못할 경우

바늘을 제거한 주사기 사용)을 사용해 우유를 급여하며, 절대로 눕힌 상태(우유가 기도로 넘어갈 수 있음)로 젖병을 물려서는 안 된다. 따뜻한 우유로 충분히 배가 부를 때까지 먹이는 게 좋다.

이 시기에는 스스로 배변을 하지 못하므로 우유를 먹인 뒤에는 반드시 배변을 유도해야 한다. 보통 어미고양이가 새끼의 항문을 핥아서 변이 나오게 하지만(육묘중인 어미의 콧잔등이 까져 있는 것은 매일 수차례 새끼의 배변 유도를 위해 핥아주기 때문이라고 한다), 어미가 없는 경우 티슈나 거즈 등을 따뜻한 물에 적셔서(물기가 없는 것으로 해서는 안 된다) 항문 주위를 살살 문질러 배변을 유도한다.

4~5주가 지나면 아기고양이는 활발하게 뛰어다니고 호기심이 왕성해지며, 푸른색의 눈빛이 고유한 빛깔로 변하기 시작하고, 화장실도 스스로 사용하게 된다. 이 시기에 고양이는 젖을 떼고 키튼용 사료를 먹기 시작한다. 처음에는 건사료를 따뜻한 물(또는 우유)에 약간 불려서 이유식처럼 주면 잘 먹는다.

8주가 지나면 고양이는 부쩍 몸집이 커지며, 사람이 돌보지 않는 경우 야생화되기 시작한다. 따라서 집고양이로 적응시키려면 이 시기에 반려인이나 가족, 다른 반려동물과 접해 친밀하게 지낼 기회를 갖는 게 좋다. 그래야 성묘가 되어서도 공격성이 줄고, 스트레스도 덜 받는다.

고양이는 생후 5~8개월 사이에 발정기를 맞게 되는데, 발정 스트레스를 없애고 질병 위험도 낮추기 위해서는 발정기가 되기 전인 5~6개월에 중성화 수술을 해 주는 게 좋다(단, 암컷 고양이는 발정 중이거나 출산 후 2개월이 지나지 않은 경우 호르몬 때문에 자궁과 난소의 혈관이 부어있으므로 이 시기에는 수술을 피해야 한다). 중성화 수술을 하지 않으면 발정으로 인한 울음소리로 이웃에 피해를 줄 수 있으며 곳곳에 잦은 스프레이를 하게 됨은 물론, 발정 스트레스를 견디지 못해 고양이가 방충망을 뚫고 탈출을 감행하는 일도 발생할 수 있다. 중성화 수술은 이 모든 사고와 위험을 미연에 방지할 수 있다는 점에서 의미가 크다.

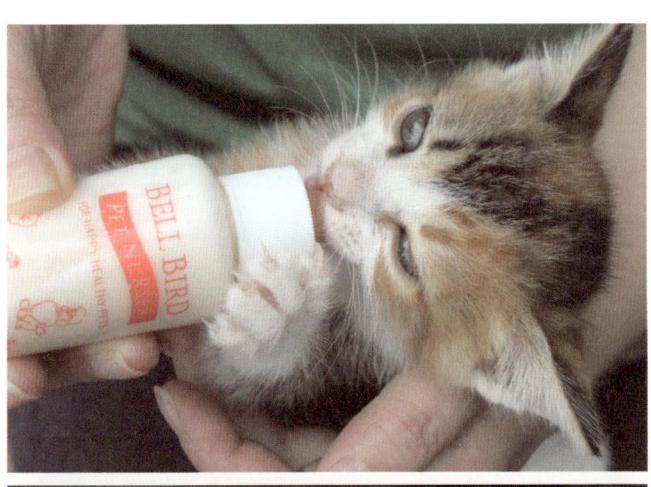

아기고양이 성장 과정과 관리법

출생~생후 1주

생후 1주일 정도가 되면 눈을 뜨기 시작하지만 귀는 그대로이다.
먹는 시간을 제외한 거의 모든 시간을 수면 상태로 보냄.

관리법 스스로 배변을 하지 못하므로 어미가
항문 주의를 핥거나, 따뜻한 물을 적신 휴지나
거즈 등을 문질러 배변을 유도. 체온조절 능력이
떨어지므로 따뜻한 환경을 만들어 줘야 함.

생후 2~3주

눈을 완전히 뜨고, 귀는 똑바로 서며 유치가 나기 시작.
걷기 시작하지만 걷는 모습이 매우 불안정.

관리법 아직 스스로 배변하지 못하므로 관리가 필요.

생후 4~5주

뇌와 유치가 완전히 완성. 눈은 푸른색에서 고유한 색으로 변함.
젖을 떼고 배변과 그루밍을 스스로 할 수 있게 됨.

`관리법` 이유식과 물에 불린 사료 급여 가능, 화장실 배변 훈련 시작.

생후 6~8주

고양이의 본능인 사냥 연습을 시작하고
형제들과 함께 놀면서 사회화를 배우는 시기.

`관리법` 젖을 완전히 떼며 자묘용 사료 급여 가능.
생후 50일 이후부터 백신접종 실시.

생후 12~15주

영구치가 나기 시작.

`관리법` 양치질, 목욕, 발톱 손질, 털 손질 등
기본 관리에 익숙해지도록 훈련.

생후 4~12개월

고양이의 성격 형성에 중요한 시기.
5~8개월 무렵 성적으로 성숙.
12개월이 되면 완전히 어른의 몸으로 성장 완료됨.

`관리법` 5~6개월 이후부터 중성화 수술 가능.

고양이 예방 접종 시 주의 사항

고양이가 외부의 세균이나 바이러스로부터 감염되는 것을 막기 위한 최선의 방법은 예방 접종이다. 아기고양이는 태어나면서 어미고양이의 초유를 통해 여러 질병에 대한 항체를 얻게 되는데, 성장하면서 이 항체가 점점 사라지기 때문에 생후 2~3개월이 지나면 백신 접종을 하는 것이 바람직하다.

다만 아기고양이의 건강이 안 좋거나 영양 부족인 경우에는 상태가 좋아질 때까지 기다렸다가 예방 접종을 해주는 것이 좋다. 대체로 콧등이 촉촉하며 콧물을 흘리지 않고, 눈곱이 끼지 않으며, 식욕이 정상이고 배뇨와 배변의 어려움이 없다면 접종을 시켜도 좋다.

예방 접종의 종류로는 3종, 4종, 5종 종합 백신이 있는데, 주로 실내에서만 생활하는 고양이라면 3종 종합 백신만으로도 충분하다. 3종 종합 백신이란 바이러스성 비기관염, 칼리시바이러스, 범백혈구감소증을 예방하는 백신을 일컫는다. 4종은 3종에 더해 클라미디아, 5종은 4종에 더해 백혈병 바이러스를 포함한 백신을 뜻한다. 보통 예방 접종은 1차 접종 후 3~4주 간격으로 3회를 접종해야 한다.

백신으로 예방할 수 있는 질병

바이러스성 비기관염(FVR, Feline Viral Rhinotracheitis)
흔히 '고양이 허피스(헤르페스)'라고 부르며, 주로 상부 호흡기계 질병이다. 사람으로 치면 감기와 같은 증상으로 재채기와 기침이 나며, 콧물을 흘리거나 눈곱이 끼고, 심하면 결막염과 각막염을 일으킨다. 성묘의 경우는 허피스가 발병해도 일주일 정도면 자연스럽게 회복되지만, 면역력이 약한 아기고양이는 자칫 사망에 이를 수 있다.

칼리시 바이러스(FCV, Feline Calici Virus)
허피스와 더불어 고양이의 대표적인 상부 호흡기계 질병이다. 칼리시에 걸린 고양이는 급성 증상으로 발열, 결막염, 콧물과 재채기, 식욕부진, 구내염이 나타날 수 있으며, 심할 경우 폐렴으로 번질 수도 있다. 칼리시의 감염 증상은 허피스와 매우 유사하지만 감염된 아기고양이의 치사율이 훨씬 높아 조기 치료를 하는 게 좋다. 전염성도 강해 발병한 고양이의 타액이나 눈물, 콧물, 분비물은 물론 보균 고양이를 만진 사람의 손에 의해서도 전염된다.

범백혈구 감소증(Feline Panleukopenia)

흔히 범백이라 불리는 범백혈구 감소증은 바이러스성 장염으로, 전염성이 강하고 치사율 또한 매우 높은 것(24시간 이내에 죽을 수도 있다)으로 알려져 있다. 범백은 주로 감염된 동물의 체액이나 배설물을 통해 감염되며, 범백에 걸린 고양이와 접촉이 있었던 사람, 의류, 침구류, 음식과 물건에 의해 다른 고양이에게 전염될 수 있다. 범백에 걸린 고양이는 백혈구가 현저하게 감소하며, 혈변과 설사, 심한 탈수 증상을 보인다. 그 밖에도 침울, 무기력, 발열, 식욕부진, 구토 증상이 나타나며 탈수에 의한 패혈증에 이르기도 한다. 워낙에 전염성이 강해서 입원이나 치료시에도 격리를 시켜야 한다.

클라미디아(FCP, Feline Chlamydia Psittaci)

바이러스성 상부 호흡기계 질병과 증상이 매우 비슷하다.

아기고양이에게 주로 발병하는데, 재채기와 함께 한쪽 눈에만 결막염이 생기거나 끈적끈적한 노란 눈곱을 흘린다. 일반 안약이 아닌 항생제 안약을 넣거나 항생제 치료를 받아야 한다. 사람에게도 전염이 되는 질병이므로 주의해야 한다.

고양이 백혈병(FeLV, Feline Leukemia Virus)

고양이 암이나 다름없는 백혈병은 감염된 고양이의 체액이나 배설물을 통해 전염되며, 발열, 설사, 식욕 부진, 백혈구 감소증이 나타나며 악성 종양을 유발하기도 한다. 치사율이 높은 치명적인 질병이므로 백신 접종으로 예방하는 것이 최선의 방법이다.

백신 부작용

고양이에 따라서는 백신 접종 후 눈이나 입 주변이 붓는 등 알레르기 반응을 일으키거나 드물게 구토, 호흡곤란, 급성빈혈이 올 수 있으므로 예방 접종 후 최소 24시간은 고양이를 잘 관찰하고 보살펴야 한다. 만일 부작용을 일으킬 경우 즉시 병원으로 옮겨 치료받게 하는 게 좋다.

고양이 스트레스와 불안에 대처하는 법

고양이는 여러 가지 이유로 스트레스를 받는다. 가령 집안에 낯선 사람이 들어오거나 새로운 고양이를 입양했을 때, 이사를 가서 거주 환경이 바뀌었을 때, 보호자가 바빠서 함께 있는 시간이 부족할 때, 시끄러운 소음이나 냄새, 공격적인 가족 구성원이나 귀찮게 구는 아이가 있을 때, 충분히 놀지 못하거나 운동이 부족할 경우, 더러운 화장실 등이 요인이 된다. 집 주변에 다른 고양이가 있거나 적당한 스크래처가 없는 것만으로도 스트레스를 받을 수 있다.

스트레스를 받은 고양이는 과도하게 그루밍을 하거나 평상시의 우다다와는 다른 안절부절 못하는 모습으로 집안을 마구 뛰어다니기도 한다. 갑자기 보호자에게 달려들거나 할퀴는 등 공격적으로 변했을 때도 스트레스를 의심해야 한다. 고양이가 스트레스를 받거나 불안을 느낄 때

하는 가장 흔한 행동은 역시 스프레이다. 발정기에 하는 스프레이는 중성화 수술을 통해 해결할 수 있지만, 스트레스로 인한 스프레이는 스트레스의 원인을 없애지 않는 한 계속될 수 있다.

일시적으로 스프레이 장소에 고양이가 싫어하는 향을 뿌리거나 알루미늄 포일 등을 씌워 스프레이 행동을 자제시킬 수는 있지만, 근본적인 해결책은 되지 못한다. 만일 화장실이 더러워 스프레이를 하는 거라면 화장실을 청결하게 유지해 주는 게 문제 해결의 방법이다. 여기저기 돌아다니며 가구나 소파, 벽지를 긁는 이유가 스크래쳐가 없기 때문이라면 적당한 스크래쳐를 마련해 주는 것이 좋다. 만일 새로운 고양이를 입양해 본래 있던 고양이가 스트레스를 받았다면 각자의 공간을 따로 마련해 주는 것이 좋다.

불안해하거나 스트레스를 받는 고양이에게 평온함과 안정을 되찾게 해 주는 방법 중 가장 좋은 것은 역시 고양이가 좋아하는 장난감으로 충분히 놀아 주는 것이다. 실내에서 생활하는 고양이는 사냥 본능을 채울 수 없어 스트레스가 쌓이기도 하는데, 이때 고양이 낚싯대나 레이저 포인터 등으로 놀아 주면 어느 정도 사냥의 욕구를 해소해 줄 수 있다. 장난감을 이용해 고양이와 놀아줄 때는 고양이가 다치지 않도록 조심해야 하며, 장난감을 삼키지 않도록 주의해야 한다. 한 번에 너무 오랜 시간을 놀아 주면 고양이도 쉽게 질릴 뿐 아니라 또다른 스트레스가 될 수 있으므로, 되도록 놀이 시간은 10분 안팎으로 짧게, 하루에 여러 번 놀아 주는 것이 좋다. 보호자가 자주 놀아 줄 수 없을 때는 고양이 스스로 놀 수 있는 장난감을 마련해 주는 것도 좋은 방법이다.

고양이가 집을 나갔을 때

고양이가 나가는 순간을 보았다면 일단 최대한 빨리 뒤쫓아 가서 포획하는 게 급선무다. 얌전한 고양이도 집을 나가는 순간 흥분해서 할퀴거나 물 수 있으니 장갑을 끼도록 하고, 이동장(혹은 포획틀)도 준비해야 한다.

다급한 마음에 큰소리를 지르며 따라가면 고양이는 경계심이 생겨 점점 더 멀리 달아나거나 숨어 버린다. 고양이가 놀라지 않도록 살금살금 다가가 몸을 낮추고 작은 목소리로 이름을 부르며 고양이를 안심시킨 다음 케이지로 다가오도록 유도한다. 인내심을 가지고 고양이 근처에서 작은 목소리로 거듭 부르며 먼 곳으로 가 버리지 않도록 유의하는 게 무엇보다 중요하다.

사실 고양이가 집을 나가는 이유 중 가장 흔한 것이 발정 스트레스를 참지 못해 뛰쳐나가는 경우이다. 발정이 오기 전에 중성화 수술을 해 주면 이와 같은 사고를 미연에 방지할 수 있다.

고양이가 언제 나갔는지 모를 경우 일단 고양이가 숨을 수 있는 주변의 은신처를 찾아본다. 고양이는 영역 동물이므로 쉽사리 영역을 벗어나지 않으며, 은신처를 찾아 숨는 것이 본능이자 습성이다. 눈에 띄지 않더라도 고양이는 반드시 집 근처 몇 킬로미터 반경에 숨어 있을 가능성이 높다.

당장 찾지 못하더라도 평상시 자신의 고양이가 잘 먹던 사료와 물을 주변에 계속 놓아 두어 최대한 영역 이탈을 막아야 한다. 그리고 사람들이 다니지 않는 한적한 시간을 택해 조용한 목소리로 고양이의 이름을 계속해서 불러 주면 언젠가는 겁에 질린 목소리로 대답을 하게 되어 있다.

고양이가 대답했다고 해서 절대로 서두르면 안 된다. 우선 고양이가 있는 장소에 평상시 좋아하는 음식을 가져다 놓고, 준비한 이동장을 가져간다. 그런 다음 편안한 목소리로 고양이의 이름을 불러 음식이나 이동장 가까이 오도록 유도한다. 혹시 모르니 장갑도 반드시 끼고 있어야 한다. 고양이가 적당한 위치까지 오면 이동장 안으로 들어갈 수 있게 유도해 보고, 고양이가 들어가지 않을 경우 꽉 안아서 이동장에 넣어 준다.

고양이는 누가 데리고 간 것만 아니라면 반드시 찾을

수 있다. 잃어버렸을 때 포기하지 않는 자세가 가장 중요하다. 순화된 집고양이는 바깥 환경에서 살아가기가 쉽지 않을뿐더러 사람을 별로 무서워하지 않아 학대의 표적이 될 때가 많다. 더욱이 장모종의 품종묘는 길고양이에게 공격당하는 일이 많으며, 짧은 길 생활에도 털이 엉기고 항문이 막혀 생명이 위험해질 수 있다.

만일 온갖 노력을 기울여도 찾을 수 없다면, 집 나간 고양이를 전문으로 찾아주는 고양이 탐정도 있으니 도움의 손길을 요청하는 것도 고려해 볼 일이다. 고양이의 이름과 연락처를 쓴 인식표를 목걸이로 사용하거나 마이크로 칩을 목 뒤쪽에 삽입해 미아가 되지 않도록 예방하는 것도 중요하다. 인식표 목걸이는 아기고양이 때부터 착용하게 해 익숙해지게 하는 것이 좋다.

고양이를 잃어버렸을 때 행동 요령
❶ 근처에 숨어 있지 않은지 주변을 찾는다.
❷ SNS, 고양이 커뮤니티(야옹갤러리, 네이버카페 '고양이라서 다행이야' 등), 지역 커뮤니티, 지역 유기동물 보호소, 동물병원 등에 게시글을 올리거나 문의한다.
❸ 벽보를 만들어 붙인다.(벽보에 "잡으려 하지 말고 바로 연락 주시면 감사하겠습니다"라고 꼭 적는다)

PART 2

길고양이,
이것이 궁금하다!

길고양이 구조 시
주의할 점을 알려 주세요

절대 하지 말아야 할 행동

길고양이 포획 시 이불이나 잠자리채, 그물망, 쌀 포대 등을 사용해서는 안 된다. 개를 구조할 때와 달리, 고양이는 스스로 포획틀 안으로 들어갈 수 있도록 시간을 갖고 구조를 진행해야 한다. 고양이는 예민한 동물이기에 억지로 포획하려다 오히려 경계심만 키우고 더욱 구조하기 힘든 상황에 빠질 수 있다. 이불 등으로 덮어서 포획하려다 고양이가 발버둥을 치면서 다리가 부러지거나 발톱이 빠지는 사고도 자주 일어난다.

여러 사람과 함께 구조는 NO

고양이는 교감의 동물이기에 평소 밥을 주는 캣맘 본인이 포획틀을 설치할수록 포획 성공률이 높아진다. 도움을 요청해 많은 사람들이 왔다 갔다 하게 되면, 오히려 고양이가 뭔가 이상하다는 낌새를 채고 종적을 감추는 경우가 많다.

구조 직전 음식 주지 않기

포획틀을 설치하기 전에는 사료를 다 치우고 음식을 주지 말자. 고양이는 배가 고픈 상태여야 미끼를 먹기 위해 포획틀 속으로 쉽게 들어간다.

방송사에 제보하기 전 알아둘 것

방송에 제보해서 구조 과정을 촬영하게 되면 많은 스태프와 촬영에 따른 기다림으로 인해 고양이의 상태가 악화되거나 구조의 골든타임을 놓칠 수 있고, 구경꾼들까지 가세해 고양이가 겁을 먹고 도망치게 되는 경우가 많다. 방송에 구조를 요청하기보다는 캣맘 스스로 포획틀을 신청하고 구조해 주는 것이 아픈 고양이를 위한 최선의 방법이다. 고양이가 건물이나 맨홀에 갇혀 통덫 설치가 안 되는 경우, 자문을 위해 방송사에 제보를 해도 촬영용으로 판단이 되어야만 현장을 방문하기 때문에 방송사 외 고보협이나 여러 동물단체 등에 현장 사진과 동영상 등을 올려 구조 상담을 진행하는 것이 좋다.

돌보는 고양이가 주민신고로
보호소에 잡혀 갔어요

 길고양이를 함부로 포획하는 것은 불법이다. 길고양이 역시 동물보호법에 의해 보호받는 동물이며, 지자체 마음대로 보호소로 옮길 권리는 없다. 사실 이런 상황에서는 지자체 담당자 역시 그 사실을 모르고 있을 확률이 높으므로 이 사실을 반드시 알려주고, 동물단체 등에 신고해야 한다.

 해당 고양이를 돌보는 캣맘은 자신이 TNR을 해 줬거나 해 줄 예정인, 관리받고 있는 고양이임을 확인시켜 준 후 즉시 데리고 나올 수 있다. 만일 보호소에 오래 둘 경우 전염병에 걸릴 위험이 매우 크며 안락사까지 당할 수 있으니 서두를 필요가 있다. 일단 보호소에서 데리고 나오면 동물병원을 방문해 전염병 검사를 받고 방사하는 게 좋다. 내가 돌보는 길고양이 리스트를 작성해 사진, 이름, TNR을 해 준 기록 등을 남겨 놓으면 도움이 된다.

길고양이를 구조했는데
집에 데려갈 수가 없어요

우리나라에선 안타깝게도 구조한 고양이를 맡아 줄 곳이 거의 없다. 따라서 구조한 고양이를 치료하고 제자리 방사하는 것이 원칙이다. 그래도 방법은 있다. 유기묘나 다친 고양이를 구조했다면 고양이 관련 커뮤니티나 고보협 홈페이지 입양임보란에 사연을 올려 임보처나 입양처를 알아 보자.

현재 고보협에서 운영하고 있는 '휘루네 쉼터'는 협회에서 구조, 치료 후 장애가 심한 고양이나 다시 길에서 살아가기 힘든 고양이를 대상으로 운영진 회의를 통해 입소 여부를 결정하고 있다. 한 공간에 일정 개체 수 이상의 고양이가 머무르게 되면 아이들의 상태를 살피기 어려우며, 전염병 등 질병에 걸릴 확률이 높아진다. '휘루네 쉼터' 역시 보호 중인 고양이가 포화 상태여서 현재 다른 곳으로 입양과 임보를 보내고 있는 실정이다.

재개발지역 길고양이
이주 방사 어떻게 해야 하나요?

재개발 지역의 길고양이를 이주시켜 방사하려면 먼저 대상 묘구 수를 파악해야 한다. 만일 대상이 여러 마리라면 한곳에 풀어놓아도 그 장소에 정착하는 경우는 거의 없다. 이주 방사할 묘구 수가 상당하다면 여러 봉사자가 각자 4~5마리씩 나눠 적당한 장소를 물색한 뒤 최소 한 달 이상을 머물게 한 다음(케이지는 너무 작기 때문에, 울타리를 이용해 어느 정도 활동공간을 만들어 줘야 한다), 서서히 문을 열어주는 방식으로 방사해야 정착할 가능성이 커진다.

합사는 주로 형제나 친한 고양이들끼리 해 주는 게 좋으며, 관리하는 사람이 고양이를 길들이거나 만지는 일은 되도록 삼가야 한다. 요새는 대단지 공사일 경우 지자체와 시공사 측에 협조 요청을 하여(고보협 공문 요청) 이주할 수 있는 시간 및 공간을 마련할 수 있다.

옥상과 천장에 고양이가 있어요

옥상과 천장에 사는 고양이에 대한 구조 문의가 의외로 많다. 일반적으로 옥상이나 창고, 천장 등 한정된 공간에 있는 고양이는 포획틀만 있으면 혼자서도 충분히 구조가 가능하다. 이런 경우 고보협에 구조 문의를 해 오면 유선으로 안내를 돕고 있다. 다만 구조 문의 시 사진을 첨부하거나 정확한 정보를 남겨야 포획틀 및 필요한 구조 장비 등을 대여받을 수 있으며, 유선 안내에도 도움이 된다.

구조에 앞서 탈수가 생기지 않도록 고양이에게 물과 먹을 것을 충분히 주어야 한다. 미리 신청한 포획틀을 받게 되면 유선 안내에 따라 적당한 장소에 미끼를 넣은 틀을 설치하고 기다리면 된다. 고양이가 무사히 틀 안으로 들어가는 것을 확인하면 흥분하거나 날뛰지 않도록 포획틀 전체를 천으로 덮어 방사할 장소로 이동한다. 고양이가 아픈 상태가 아니라면 곧바로 안전한 장소에 방사하면 된다.

길고양이 목에
올무(철사)가 감겨 있어요

 최근 올무에 걸린 고양이를 목격했다는 신고가 빈번하게 접수되고 있다. 올무는 야생동물을 불법으로 포획하는 데 쓰이는 대표적인 동물 학대 도구인데, 최근 도심의 아파트나 주택 뒷산 등에서 고양이를 대상으로 한 올무 사고가 자주 일어나고 있다.

 올무에 걸린 동물의 고통은 어마어마하다. 한 번 걸리면 좀처럼 빠져나올 수 없고, 움직일수록 더욱 죄어 오기 때문에 올무에 걸린 고양이는 성대가 절단되고 더 나아가 장기 파열까지 겪을 수 있다. 올무의 철사가 살을 파고들어 괴사도 빠르게 진행되며, 상처에 구더기까지 생겨 금세 심각한 상태로 발전하게 된다. 그러므로 올무에 걸린 고양이를 목격했을 경우 절대로 지체하지 말고 구조해야 한다.

올무에 걸린 길고양이 목격 시 행동 요령

❶ 반드시 포획틀을 설치해 올무에 걸린 고양이를 구조한다. 간혹 올무 위로 살이 차올라 올무가 안 보이더라도 절대 제거 되었거나 나은 게 아니니 독자적으로 판단하지 말고 곧바로 동물병원으로 데려간다.

❷ 아파트일 경우 관리사무소에 올무 설치에 대한 항의 전화를 한다.(집에서 키우는 강아지나 어린 아이들이 다칠 수 있다는 것을 꼭 지적하며 이야기할 것)

❸ 거주하는 곳 구청에 민원 글을 쓰고 전화를 걸어 반드시 직원이 나와 올무를 제거하도록 한다.

❹ 차후 올무를 놓는 자를 잡을 시 처벌할 수 있도록 파출소 등에도 신고 기록을 남겨 놓는다.(신고 기록이 남아 있으면 가중처벌 가능성이 높다)

❺ 고보협이나 동물단체 등에서 나온 동물학대 방지 포스터 전단지를 올무가 발견된 곳곳에 부착한다.

자동차 엔진룸에 고양이가 들어갔어요

　날씨가 쌀쌀한 겨울, 추위를 많이 타는 고양이들은 방금 운행을 마쳐 따뜻해진 자동차 차체나 엔진룸에 들어가 몸을 녹이는 일이 종종 있다. 이때 운전자가 시동을 걸면 팬벨트 등에 고양이가 끼어 죽을 수 있으며, 차량에도 손상을 입혀 문제가 될 수 있다. 엔진룸뿐만 아니라 바퀴와 차체 사이에 들어가 잠을 자는 고양이도 있는데, 이를 모르고 운행을 하게 되면 고양이는 영문도 모르고 바퀴에 깔릴 수 있다.

　겨울철이 아니어도 아기고양이들은 자동차 엔진룸을

은신처로 삼는 경우가 더러 있다. 이때 고양이를 안전하게 내보내고 엔진룸도 보호할 수 있는 방법은, 자동차를 운행하기 전에 타이어를 한두 번 발로 차거나 차 문을 세게 닫아 소리를 크게 내는 것이다.

자동차 보닛을 쾅쾅 두드려 주는 것도 고양이를 내쫓는 효과가 있다. 그러나 급식소 주변에 주차되어 고양이들이 상습적으로 찾는 자동차의 경우는 보다 확실하게 보닛을 열어 고양이가 있는지 체크한 뒤 운행하는 것이 좋다. 현재 여러 동물단체와 몇몇 지자체에서는 시동을 걸기 전 노크를 해 안전하게 고양이를 내보내자는 '모닝노크' 캠페인을 진행하고 있다.

고양이가 끈끈이에 붙었어요

   *끈끈이*에 붙은 고양이가 온순하고 친화적인 성격의 고양이라면 캣맘이 직접 식용유를 이용하여 *끈끈이* 제거가 가능하지만, 보통의 길고양이라면 *끈끈이*로 인해 스트레스를 받아 더욱더 예민해져 있을 가능성이 크다. 이럴 때는 절대 손으로 만지려 하지 말고, 포획틀로 포획한 다음 동물병원으로 옮겨 수의사가 *끈끈이*를 제거하도록 해야 한다. 또한 *끈끈이*로 인한 피부염이 생기거나, 그루밍을 통해 *끈끈이*의 유독 성분을 섭취해 장이나 신장까지 손상되는 경우가 있으므로 병원에서 관련 검사와 치료를 병행하는 것이 좋다.

품종묘가 돌아다녀요

 날씨가 풀리고 봄이 되면 발정기를 맞은 고양이들이 집을 탈출하는 경우가 많다. 이 시기 유기묘 센터나 지역 동물보호소에도 유기묘가 급증한다. 최근에는 유기묘 중에 품종묘도 급격하게 늘어나고 있는데, 품종묘는 긴 털과 짧은 다리, 조그만 콧구멍 등 유전적인 결함으로 인해 길에서 살아가기가 더욱 힘들 수밖에 없다.

품종묘가 길에서 살아갈 수 없는 이유

❶ 장모종은 긴 털 때문에 온 몸이 갑옷처럼 엉키고, 심할 경우 척추까지 휘기도 해 몸을 펼 수 없는 지경이 된다. 심지어는 털이 항문까지 막아 요독증으로 죽는 경우도 있다.

❷ 일반적인 길고양이와는 생김새가 달라 공격 대상이 되며, 실제로 길에서 구조한 품종묘들은 심한 싸움으로 다쳐 안구 적출까지 하게 되는 경우가 많다.

❸ 자칫 길에서 떠돌다 번식업자에게 포획돼, 평생을 좁은 케이지에 갇힌 채 교배와 출산을 반복하며 자궁이 기형이 될 정도로 고통스러운 삶을 살게 될 수도 있다.

❹ 쓰레기봉투도 뜯지 못하는 온순한 성격의 고양이들이 많아 결국 사람 손을 타다 해코지를 당해 죽는 경우가 많다.

품종묘 발견할 경우 대처방법

발견 장소가 아파트일 경우

주민 방송을 해 달라고 강력하게 요청한다. 119 등에 신고하게 되면 고양이는 보호소에 넘겨져 7~10일 후 안락사된다. 실제로 중랑구 소방서에 잡혀 온 샴 고양이를 보호소에 넘기려는 것을 발견하고, 포획한 아파트 관리사무소에 곧바로 안내 방송을 요청하자 15분 만에 주인을 찾은 사례가 있다.

동네 주택가에서 발견했을 경우
고양이가 바뀐 환경에 놀라지 않도록 조심스럽게 접근해 플라스틱 이동장(천으로 된 이동장은 찢고 달아날 위험이 있음)이나 포획틀로 구조한다. 그 후 동네에 주인을 찾는 전단지를 붙이고, 끝내 보호자가 나타나지 않으면 고양이 커뮤니티나 SNS에 입양글을 올려 입양 혹은 임보를 진행한다(입양조건에 반드시 중성화 수술 후 확인시켜 줘야 한다는 문구를 넣어야 함).

길고양이라고
동물병원에서 쫓겨났어요

 우여곡절 끝에 다친 길고양이를 구조해도 받아 주는 동물병원이 없어 또다시 난관에 부딪힐 때가 있다. 대부분 길고양이라는 이유 때문이다. 캣맘 중에는 이런 문전박대로 아이를 부둥켜안고 울어 본 경험이 있는 분들이 많다.

 길고양이는 야생성을 지니고 있어 특별한 노하우와 케어 실력(소독과 약 먹이기 등도 집고양이에 비해 훨씬 까다로운 편이다)이 없다면 마취조차 힘든 게 현실이다. 또한 길에서 사는 동물이므로 더럽고 병균이 있을 것으로 여겨 받지 않는 경우도 있다.

 사실 길고양이에게 생기는 병들은 일반적인 집고양이의 질병과는 조금 다르다. 길고양이는 단순 감기조차 열악한 환경 때문에 생명이 위험한 상태로 악화될 수 있으며, 골절이나 안구 적출 등 간단 봉합술이 아닌 전문적인 의료 기술을 요하는 경우도 많다.

최근 들어 길고양이에 대한 인식 변화로 길고양이를 치료해 주는 병원이 조금씩 늘어나고는 있지만, 아직까지 상당수의 병원은 길고양이가 돈이 안 된다고 여겨 꺼리는 게 현실이다. 힘들여 치료가 가능한 동물병원을 찾았더니 간단한 골절 수술에 몇 백만 원의 수술비를 요구하는 사례도 있다.

돌보는 장소의 차이일 뿐 길고양이 또한 집에서 반려하는 고양이만큼 소중한 것이 캣맘의 마음이다. 고보협 협력병원이 존재하는 것도 사실 그 때문이다. 협력 병원은 협회의 오랜 설득으로 참여를 이끌어 낸 병원들로, 협회 회원들을 대상으로 협회에서 30~50%의 비용을 지원하는 한편 과잉 진료를 하지 않음으로써 캣맘의 경제적 부담을 덜어 줄 목적으로 생겨났다.

이제껏 고보협 협력병원을 통해 새 생명을 얻은 길고양이는 5,000여 마리가 훨씬 넘는다. 캣맘이 자비로 길고양이에게 밥을 먹이는 현실에서, 돈 때문에 고양이를 포기하거나 애당초 치료조차 받지 못하는 슬픈 일은 없어야 할 것이다.

아픈 것 같은데 병원에 가야 하는지 판단하기 힘들어요

돌보던 길고양이가 다쳐서 혹은 병들어 나타났을 때 캣맘의 마음은 무겁고 암담하기만 하다. 만일 길고양이가 아픈 상태로 나타났을 때는 이미 며칠에서 길게는 몇 주 정도 상황이 진행되었을 확률이 크다.

고양이는 처음 다치게 되면 스스로도 아프고 당황해서 며칠간은 몸을 숨긴 채 체력을 회복하려 한다. 고양이가 겨우 움직일 수 있게 되어 급식소에 나타나거나 배고픔을 못 이겨 찾아왔을 때 곧바로 치료나 구조를 진행하지 않으면 상태는 더 나빠지게 된다. 골절이 아닌 다리가 접질린 상태거나 비교적 작은 상처라면 항생제만으로도 초기 치료와 대응을 할 수 있다.

길고양이는 야생성이 강해 간단한 상처만으로 포획을 진행해 병원으로 이동하는 것은 엄청난 스트레스를 줄 수 있기에, 캣맘은 신중하고 이성적인 판단을 해야 한다. 가끔은 별것 아닌 상처 같은데 치료 시기를 놓쳐 고양이를 위태로운 지경으로 내모는 경우도 있다.

실제로 쉽게 치료 가능한 눈병에 걸린 고양이의 경우 3~5일 정도 항생제를 급여하면 쉽게 치료될 수 있는데, 늑장을 부리다 점점 염증과 괴사가 진행돼 안구 적출까지 해야 했던 가슴 아픈 사례가 있다. 또 다리를 절룩거리는 고양이가 제때에 수술과 치료를 받지 못해 그대로 뼈가 굳어 장애가 생기거나 차후 더 큰 수술을 받아야 했던 사례도 있다. 별것 아닌 상처에 과잉 대응할 필요는 없지만, 제때 치료를 받게 해 줌으로써 큰 비용을 들이지 않고 건강한 묘생을 지켜 주는 것도 대단히 중요하다.

아파 보이는 길고양이의 사진이나 동영상을 찍어 가까운 동네 동물병원에 보여주고 상태가 심각한지, 포획해 진료를 받아보게 해야 하는지 문의하는 것도 좋은 방법이다.

교통사고로 다리가 골절됐어요

 추위가 가시고 따뜻한 봄이 되면 활동량이 많아진 길고양이들이 이동하거나 영역을 넓히다 교통사고를 당하는 경우가 많다. 이때 고양이가 가장 많이 입는 상해는 다리 골절의 하나인 대퇴부골절이다.

 사실 골절상이라면 부러진 뼈를 이어 주는 수술을 진행하면 되지만, 골반이나 척추를 다친 경우 하반신 마비에 이를 수도 있다. 구조를 진행하는 캣맘은 고양이가 골절인지, 단순히 접질린 상태인지 정확하게 판단할 필요가 있다. 단순 접질림 상태의 고양이는 한쪽 다리를 땅에 딛지 못하고 들고 다니거나, 땅에 딛기는 했더라도 절룩이며 다닌다. 이 정도면 항생제를 하루 한 알씩 3~5일간 급여하면 대체로 염증이 완화되는 등 치료 효과를 볼 수 있다.

하지만 고양이가 들고 다니는 앞다리 또는 뒷다리가 걸을 때마다 덜렁거리거나 뼈 분리 현상이 보일 때는 반드시 포획틀을 이용해 구조한 뒤, 빠른 시일 내에 수술을 해야 한다. 이런 경우 수술을 빨리 하지 않으면 다친 다리 부위가 괴사될 수 있고, 차후 다리 절단 수술까지 받아야 할 만큼 악화되기도 한다.

만일 고양이가 교통사고로 다리가 절단되거나 아예 한쪽 다리를 쓸 수 없는 지경에 이르렀다면, 구조 시 환묘가 발판을 밟지 못하므로 포획틀을 놓은 뒤 수동으로 줄을 당겨 포획하는 선택 포획을 진행해야 한다.

한쪽 다리가 없는 고양이, 구조 후 입양해야 하나요?

길고양이의 생존 본능은 어떤 면에서 인간에 비해 월등히 뛰어나다고 할 수 있다. 단지 불쌍하다는 마음만으로 인간에 길들여지지 않은 고양이를 포획하여 집으로 들이는 것은 길고양이를 위한 길이 아니다.

길고양이는 다리가 하나 없어도 충분히 길에서 달리고 점프하고 장난을 치며 살 수 있다. 다만 잘린 상처가 아물지 않았거나 다리 하나를 못 쓰는 상태라면 상처로 인한 2차 감염 등의 상태 확인을 위해 포획 후 병원에 데려가 치료를 받게 해 주어야 한다. 그리고 제자리 방사 후에도 사료와 물을 주면서 상처가 잘 낫고 있는지 관리해 주어야 한다.

부득이하게 큰 부상으로 길에서 살아가기 힘들 정도의 장애를 갖게 되거나 사람과 너무 친밀해져서(길고양이와 어느 정도 친밀도를 유지해야 하는가에 대해서는 논란의 여지가 있지만, 사람이 만질 수 있을 정도로 길들이는 것은 옳지 않다) 혹여 고양이 혐오자에게 학대를 당할 수 있는 고양이라면 입양을 생각해 봐야 한다. 사실 사람과 친화적인 길고양이 중에서도 막상 집안에 갇혀 살게 되면 실내 생활을 지옥처럼 느끼는 고양이도 있다. 때문에 불가피한 경우가 아니라면 길고양이 입양은 신중을 기해야 한다.

영역 싸움이나
허피스 감염으로 인한 안구 괴사

 길에서 사는 고양이들은 평생 단 한 번도 발톱을 깎지 않고, 오히려 주변의 나무나 물건에 스크래치를 하며 사냥을 위해 날카롭게 발톱을 다듬어 온 아이들이다. 보통 영역을 지키려는 수컷이나 먹이를 차지하려는 고양이들의 싸움을 보면, 서로의 얼굴을 할퀴려다가 눈가와 콧잔등에 자주 상처를 입고는 한다.

 그 정도로 그치면 그나마 다행이지만 때로 날카로운 발톱에 안구가 다치거나 찍혀서 진물이 나고, 그로 인한 염증으로 안구 괴사가 진행되기도 한다. 또한 일종의 고양이 감기라고 불리는 허피스를 앓고 있는 고양이 중 잦은 눈물이 차후 염증 단계로 넘어가 안구에 고름이 생기면서 괴사가 진행되는 경우도 있다.

대처방법

안구 괴사는 발열, 통증, 식욕 부진이 함께 오며 염증이 얼굴 전체와 뇌까지 퍼지는 위험한 상태에까지 이를 수 있다. 초기의 조그만 상처나 눈물에는 소염제 효과를 볼 수 있는 항생제(고보협에서 항생제 클라벳을 신청할 수 있음. 3~5일간 하루 한 알 정도 급여)를 먹이면 좋아지지만, 만일 급여 후에도 피고름이 보이거나 눈 부위가 퉁퉁 부은 상태라면 반드시 포획틀로 구조 후 치료를 받는 게 좋다.

항생제 먹이는 방법

항생제는 물약과 알약 타입이 있는데 보통 쓴맛이 나기 때문에 향이 강한 캔과 함께 먹이는 것이 좋다.

물기가 많은 캔은 항생제 알약이 녹아 쓴맛이 캔에 스며들어 고양이들이 눈치를 채고 잘 먹지 않기 때문에 물기가 없는 단단한 캔을 한 숟가락 퍼 중간에 콕 박아서 먹인다.

캔 하나를 다 주게 되면 양이 많아 정작 약이 있는 부분을 먹지 않고 남기거나 또는 약을 골라 먹을 수 있기 때문에 크게 한 숟가락 정도가 적당하다.

물약일 경우는 반대로 캔의 양이 너무 적으면 쓴맛이 강해지므로 캔 반 정도에 중간에 홈을 내어 물약을 뿌리고 약 냄새가 나지 않도록 다져 준다.

    평소에 맛있는 캔을 자주 주게 되면 조금만 맛이 쓰거나 다르면 먹지 않게 된다. 때문에 차후 약을 먹일 때나 포획을 할 때 성공률이 떨어지므로 매일 캔을 주는 것은 삼가야 한다.

길고양이의 최후, 치주염과 구내염

치주염과 구내염은 나이 많은 길고양이의 마지막 질병이나 다름없다. 오랜 길 생활로 부패한 음식이나 깨끗하지 못한 물을 마시며 생활한 고생의 흔적이 치주염과 구내염으로 나타나는 것이다. 고양이는 나이가 들게 되면 면역력이 떨어져 신체의 약한 부위로 질병이 나타나는데, 치주염과 구내염이 대표적인 경우이다.

입안에 염증이 있어 먹지 못하니 면역력은 더 떨어지고, 2~3차 질병(신장염, 신부전, 황달, 간 이상, 내장질환 등의 질병이 함께 진행된다)으로 이어져 기력이 급속도로 쇠하게 된다. 면역력이 좋은 어린 고양이와 달리 늙은 고양이는 잦은 약 급여에 내성까지 생겨 사실상 완치가 어려워진다.

증상

밥을 먹을 때 아픈 듯이 울거나 턱을 탁탁 돌리며 힘들게 먹는다. 입주변이 늘 지저분하다. 침을 흘린다. 식욕이 왕성하지 못하며, 그루밍을 하지 못해 등 털은 갑옷처럼 엉켜 있다. 특히 건사료를 먹을 때 더 아파한다.

대처방법

초기 치주염의 경우 가까운 동물병원에 가서 고양이의 사진을 보여 주거나 증상을 이야기한 후, 항생제 처방을 받아 급여한다(고보협에서 협회 항생제를 신청할 수도 있다). 항생제는 5일 이상 먹이지 않도록 하며, 차후 2주일 정도 쉬었다가 다시 항생제를 먹이는 것을 반복한다. 하지만 일시적일 뿐, 더이상 약의 효능이 보이지 않을 경우 한 단계 높은 항생제를 급여한다.

아무리 항생제를 급여해도 상태가 호전되지 않는다면 포획틀로 환묘를 구조해 병원 치료를 받아야 한다. 병원에서는 출혈이 계속되는 치아가 있는지, 또 잇몸이 화농으로 부풀어 올랐는지 확인 후 발치와 염증 치료를 하게 된다. 발치와 스케일링만으로도 몇 개월 이상은 식욕과 컨디션

이 좋아지게 된다.

보통 발치를 하게 되면 눈에 띄게 상태가 좋아지지만, 수술 후에도 침을 흘리거나 통증이 있는 난치성 회복 불가능 구내염(통계상 10마리 수술시 3마리 정도)도 있다. 대부분의 고양이는 전부 발치를 해도 알이 작은 사료나 주식, 간식캔 등을 챙겨 준다면 길 생활에 커다란 지장은 없다. 그러나 고양이가 난치성 구내염일 경우 수시로 상태를 체크하고, 약을 챙겨 줘야 한다. 간혹 이런 아이들을 쉼터나 보호소에 보내는 경우도 있지만, 야생성이 강하다면 도리어 스트레스로 다른 병까지 생길 수 있으니 주의해야 한다.

구내염 환묘를 돌보는 것은 결코 쉬운 일이 아니다. 마음을 굳게 먹고 완치보다는 마지막 여생을 편히 보내게 해준다는 생각으로 환묘를 보살펴야 지치지 않는다.

락토페린의 효과

구내염, 치주염은 재앙에 가까운 질병으로, 환묘의 치료 약품은 대부분 항생제 스테로이드이다. 하지만 항생제는 일시적인 것이며, 내성이 생기거나 장기 복용 시 간 손상이 될 수도 있다. 이때 항생제 의존을 줄이면서 환묘들에게 큰 도움이 되는 것이 락토페린이다. 락토페린은 일종의 건강보조식품으로 포유동물의 젖이나 모유에 많이 포함되어 있다고 한다.

락토페린은 철분과 결합되는 세균의 증식을 억제하고 면역 기능을 향상시키며 장속의 유해균도 억제하기 때문에 환묘들의 기초 체력을 튼튼하게 만들어 줄 뿐 아니라 변비가 있는 사람에게도 도움을 준다고 한다. 실제로 많은 길고양이들과 쉼터에 살고 있는 구내염 환묘들에게 큰 도움이 되었다. 일본 수의사들은 이미 오래 전부터 락토페린을 구내염 개선에 사용해 왔다고 한다.

> **성묘** 하루에 1/4 또는 1/3캡슐 급여.
> 쓴맛이 없기에 사료에 뿌려주거나 캔에 비벼서 먹이면 좋다.
> 단, 60캡슐에 3만원 정도로 비싼 편이다. 상태에 따라 심한 구내염일 경우 1/2~1캡슐을 먹여도 된다.

고양이 요로 결석

고양이 요로 결석(Feline Urolithiasis Syndrome)이란, 소변이 배설되는 통로인 신장에서 요도까지의 요로에 결석이 형성되어 배뇨장해, 혈뇨 등을 일으키는 것을 말한다. 수컷 고양이에게 발생하며, 원인은 확실치 않으나 건사료 급여 시 수분 섭취량이 부족한 것이 중요한 요인이 된다고 한다. 또한 비만이 심한 경우에도 요로 결석이 올 수 있다고 한다.

고양이는 신선하지 않거나 오염된 물을 싫어하므로 깨끗한 물을 충분히 마실 수 있도록 여러 곳에 물그릇을 놓아 두는 게 좋은 해결책이 된다.

증상

요로 결석의 증상은 다음과 같다. 결석이나 요도 폐색물인 슬러지로 인해 고양이가 소변을 보려 하면 심한 통증을 느끼게 되고, 이 때문에 신경질적으로 울거나 신음 소리를 내는 등 괴로워하는 모습을 보인다. 화장실에 자주 가서 소변을 보려 하지만 몇 방울 떨어지는 정도로 아주 적은 양만을 눌 수 있어 변비로 오인하는 경우도 많다. 실제로 변비라고 생각하는 경우의 대부분이 요로 결석인 경우가 많다.

대처방법

증상이 약할 때는 결석을 녹이는 약물과 처방식으로 관리할 수 있지만, 쉽게 녹지 않는 상태에서는 방광세척과 수술을 통해 제거해 줘야 한다. 고양이 요로 결석은 재발이 쉬운 질병으로 식이 관리를 통한 예방이 매우 중요하고, 비만이 되지 않도록 식사량을 조절해야 한다. 또 물을 많이 마실 수 있도록 유도하는 것도 좋은 예방법이다.

고양이 신부전증

고양이 신부전증(Renal Failure)이란 몸속 노폐물과 혈액의 독소를 걸러내는 신장의 기능이 떨어지거나 소실되는 질병이다. 고양이의 신장은 몸속 노폐물을 소변으로 배출하고, 몸의 수분을 조절하며, 조혈 호르몬을 생성하고 혈압을 조절하는 등 중요한 역할을 담당하는 기관이다.

신부전증에 걸린 고양이는 여러 가지 합병증이 발생해 결국 생명을 잃게 되는데, 특히 만성 신부전의 경우 신장 기능이 70퍼센트 이상 소실되기 전까지는 특별한 증상이 나타나지 않기 때문에, 조기에 발견하는 것이 매우 중요하다. 사실상 신부전의 임상 증상이 관찰되었다면 이미 수개월에서 수년에 걸쳐 병이 진행되고 있었다는 것을 의미한다.

증상

신부전증은 다양한 원인만큼이나 여러 가지 각기 다른 증상으로 나타나는데, 초기 증상은 물을 많이 마시며 소변을 많이 누는 것이다. 또 식욕과 체중이 감소하며 배뇨를 못하거나 구토, 심한 입 냄새 증상을 보이기도 한다. 급성 신부전의 경우 요로 결석에 의한 요도 폐쇄, 방광종양 등의 배뇨 곤란으로 발병하며, 만성 신부전의 경우는 고양이 에이즈나 전염성 복막염 등의 바이러스 감염, 신장 결석이나 요로 결석, 신장의 여러 종양이나 림프육종, 신장의 세균 감염, 신장의 선천성 기형 등으로 발생한다.

대처방법

만성 신부전은 대부분 다른 질병에 걸렸을 때 2차적으로 발병하므로, 정기적으로 예방 접종을 하고 위생을 철저히 관리해 바이러스나 세균의 감염으로 인한 질병이 발생하지 않도록 주의하는 것이 좋다. 평상시 수분을 많이 섭취할 수 있게 하는 것이 좋으며 증상이 관찰될 경우 가까운 동물병원에 상담 후 처방을 받아 약을 급여한다.

발정과 임신, 유산 등으로 인한 자궁축농증

 날씨가 따뜻해지고 고양이들의 발정기가 찾아오면 비교적 어린 고양이들이 유산을 하는 경우를 종종 볼 수 있다. 어린 나이에 임신을 하게 돼 초기 유산으로 이어진 사례들이다. 대체로 열악한 환경에 사는 고양이일수록, TNR을 하지 않은 지역일수록 자주 일어나는 일이다. 이때 고양이 뱃속에 사산된 새끼가 그대로 있거나 그외 잔여물이 남아 있게 되면 염증과 고름이 생기게 되는데, 이를 방치하면 자궁축농증으로 이어지게 된다.

증상

자궁축농증에 걸린 고양이는 가까이 다가가면 썩는 냄새가 진동을 하며, 엉덩이와 항문 근처가 지저분하거나 젖어서 늘 흙이 묻어 있다. 또한 밥그릇 앞에는 앉아 있지만 잘 먹지 못하고, 언제나 식빵 굽는 자세로 웅크리고 있다. 복부 쪽 통증과 발열로 인해 구토를 자주 하며, 차후 황달(귀 색깔이 노랗게 변함) 증상도 동반된다.

대처방법

위의 증상을 보이는 고양이는 반드시 포획틀로 구조해, 사산된 태아 및 잔여물을 제거하는 등 수술을 시켜 주어야 한다.

엘라이신의 효과

 허피스에 걸린 고양이는 기침을 하거나 침과 눈물을 흘리게 된다. 초기 허피스일 경우 가까운 동물병원에 가서 증상을 이야기하고 약을 처방받아 먹이는 게 좋다. 면역력 강화를 위해 처방약과 함께 엘라이신을 급여해 주는 것도 도움이 된다.

 대표적인 고양이 영양제 엘라이신은 고양이 전용이 아니라 사람도 먹는 영양제다. 특히 재채기와 기침, 콧물을 흘리는 고양이에게 감기 예방 차원에서 먹이면 효과가 있는데, 면역력을 키워 호흡기 계통 질환을 예방해 주고 모질을 건강하게 해 준다고 한다.

 엘라이신이 부족할 때 피로감, 흥분, 눈의 충혈, 탈모 등이 일어난다고 하니 역으로 생각하면 이와 같은 증상이 있을 때 먹이면 효과적일 것이다.

 그밖에도 엘라이신은 고필수 단백질을 형성해 주는 역

할을 하며 칼슘의 흡수를 도와준다고 한다(단백질은 고양이 사료에서도 30%를 웃도는 함량을 차지할 만큼 고양이에게 중요하다). 쓴 맛과 냄새가 나지 않아 물이나 사료, 캔과 함께 주어도 잘 먹는다.

주의 사항

엘라이신을 만병통치약으로 생각해서는 안 된다. 엘라이신은 증세를 완화하고 치료를 보조해 주는 역할을 할 뿐 직접적인 치료제가 아니다. 다량의 투여나 장기복용 등과 관련해서는 반드시 수의사의 지시를 따라야 한다. 최근 부작용이 거의 없는 보조 영양제 락토페린을 대신 먹이는 캣맘도 있다.

먹이는 방법

사료에 뿌려 줄 때는 골고루 섞일 수 있도록 잘 흔들어 준다. 습식 사료와 함께 급여 시에도 골고루 섞어서 주도록 한다(아이허브닷컴 같은 인터넷 쇼핑몰에서 100캡슐에 1만원 이하로 구입 가능).

자묘 1/4 캡슐 정도의 양을 하루 한두 번씩, 3~7일 정도 먹이고 상태를 확인 후 필요시 추가 급여한다.

성묘 한 번 급여 시 1/2 캡슐 혹은 심할 경우 한 캡슐을 하루 2회씩 먹인다. 7일 정도 급여 후 기침이나 콧물 상태를 확인하고 필요 시 재급여한다.

타우린의 효과

고양이에게 꼭 필요한 필수 아미노산 세 가지(아르기닌, 카르니틴, 타우린) 중 하나이다. 보통 식욕이 떨어진 고양이에게 먹이면 좋다. 고양이 사료에도 보통 타우린이 함유되어 있긴 하지만 함량이 충분하지 않고, 대체로 타우린 함량이 높은 사료는 고가이므로 여러 마리의 길고양이를 돌

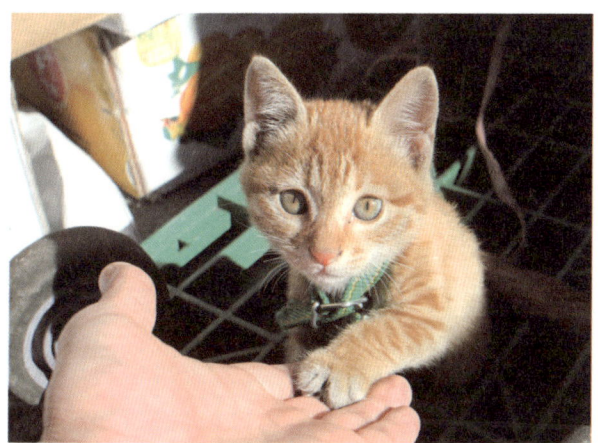

보는 캣맘이 급여하기에 부담이 된다. 타우린 첨가 사료를 급여한다 해도 고양이가 충분히 섭취하지 못하면 그 효과를 기대하기도 어렵다. 따라서 타우린을 따로 구입해 사료에 뿌려주면 좋다. 타우린은 세 군데의 장기, 즉 눈(시력 문제나 망막)과 심장(확장성 심근증), 간(담즙산 생성에 관여)에 관여한다고 알려져 있다. 타우린 결핍으로 나타날 수 있는 질병으로는 망막 퇴화, 확장성 심근증, 성장 장애 증상 등이 있다.

먹이는 방법

타우린은 건강식품으로 내성과 관계없어 장기 복용 시에도 문제가 없다. 사료에 골고루 뿌려 잘 섞은 다음 급여하면 된다(아이허브닷컴 같은 인터넷 쇼핑몰에서 100캡슐에 1만원~1만 5천원 정도로 구입 가능).

자묘 1/2 캡슐 정도를 하루 한 번씩 먹인다.
성묘 1/2 캡슐 혹은 1캡슐을 1일 1회 먹인다.

구충의 중요성

길에서 사는 고양이들은 단순 기생충 감염에도 생명이 단축될 수 있다. 반면 구충제를 급여하는 것만으로도 건강한 삶을 연장할 수 있으니 1년에 2~3회 정도 구충을 권한다.

고양이는 몸속에 기생충이 있으면 섭취한 영양분이 축적되지 않아 몸이 마르고, 장기에 감염되면 잦은 구토와 설사 등의 증상이 생길 수 있는데 구충을 통해 이런 증상을 1차적으로 방지할 수 있다. 어린 고양이는 원충, 회충 감염으로도 목숨을 잃을 수 있기 때문에 생후 4개월 이상의 자묘들에게는 반드시 구충을 해 주는 게 좋다. 단 심하게 마르거나 영양 상태가 좋지 않은 고양이는 반드시 체력을 회복시킨 뒤 적정량을 먹여야 한다.

구충제 먹이는 방법

외부 구충제

길고양이의 경우 대부분 진드기가 붙어 있다. 친화적인 고양이라면 이런 경우 레볼루션, 애드보킷 등 외부구충제 약을 사서 고양이 목덜미 뒤쪽에 발라주면 된다. 레볼루션은 상당히 독한 약품이라 함부로 과용해서는 안 된다.

가루 구충제

밀가루처럼 하얀 가루에 무미·무향이기 때문에 예민한 아이들에게 좋고, 캔과 사료에 비벼 주면 잘 먹는다. 일반 구충제처럼 분기별로 급여한다. 맛에 민감한 고양이나 여러 마리 고양이를 함께 돌보는 경우에 적합하다.

알약 구충제

알약 구충제가 가루약보다 조금 더 효과가 좋은 편이다. 체중 대비 적정량의 구충제를 캔(물기가 적은 덜 촉촉한 캔)에 섞어 먹이되, 약을 빻아 먹이지 않도록 한다. 약을 빻게 되면 쓴 냄새와 가루분이 캔에 녹아 쓴맛이 강해져 먹기를 꺼릴 수 있으니, 알약째로 먹이는 게 좋다. 또 약을 골라낼 수 없도록 캔은 너무 많지 않은 한 입 정도의 분량이 적당하며, 알약을 콕 박아서 주면 캔과 함께 한 번에 잘 먹는다.

주의 사항

구충을 너무 자주하면 오히려 장이 막혀 고양이가 죽을 수 있으므로 1년에 2~4회 이상은 하지 않는다. 아기고양이와 몸이 허약한 길고양이에게는 급여하지 않는다. 동물가축약국이나 동물병원에서 구입이 가능하며, 고보협 후원회원에게는 무상으로 제공된다.

• 전문가 칼럼

고양이 톡소플라즈마와 AI 감염, 그 밖의 질병들에 대하여

하니동물의료센터
손인호 원장

톡소플라즈마는?

톡소플라즈마 곤디(Toxoplasma gondii)라는 원충에 의해 감염되는 질환입니다. 톡소플라즈마 기생충은 사람의 소화기관을 둘러싸고 있는 세포들 속에서 증식하며 뇌, 골격 근육, 심장 근육, 눈, 폐, 림프절을 포함하는 모든 장기로 퍼질 수 있습니다. 종숙주인 감염된 고양이가 배설한 접합자낭(oocyst)의 섭취·낭포(cyst)형이나 증식형의 원충을 보유하는 중간숙주(조류, 포유류)의 근육이나 배설물의 섭취에 의하여 기생충이 감염되며 또한 태반 감염도 된다고 알려져 있습니다.

사람의 경우 대부분 입을 통해 톡소플라즈마 기생충이 체내로 들어오게 되며 감염된 고양이의 배설물과 접촉하거나 감염된 소고기, 돼지고기, 양고기, 사슴고기 등을 완전히 익히지 않고 먹는 경우에 발생할 수 있습니다. 건강한 사람들은 톡소플라즈마증에 감염되어도 아무런 증상이 나타나지 않지만, 면역체계가 약화된 후천적 면역결핍증 환자의 경우에는 톡소플라즈마증의 증상들이 흔히 뇌와 연관되어 나타납니다. 감염되더라도 건강한 사람이라면 별다른 치료를 받지 않아도 됩니다.

톡소플라즈마의 임산부 감염

톡소플라즈마는 감염된 고양이에 의해서 뿐 아니라, 감염된 소고기나 돼지고기를 익히지 않은 채로 먹을 때 감염될 수 있습니다. 그중 임산부가 감염될 경우 피로, 근육통, 임파절 비대 등의 증상이 있으나, 대부분은 무증상으로 나타납니다.

임신 전에 항체가 형성된 경우에는 감염이 되었다 하더라도 태아에게 미치는 영향은 없다고 합니다. 임신 초기에는 톡소플라즈마에 감염이 되어도 태아에게 영향이 가지 않지만, 임신 후반기에 감염된다면 태아에게도 영향을 미칠 수 있습니다. 하지만 기형아 출산의 원인이 되지는 않으며, 태아에 감염되어도 약물로 완치가 가능합니다.

톡소플라즈마 예방대책

고양이 화장실은 장갑을 낀 상태로 청소하고, 손을 깨끗이 닦으며, 날고기나 덜 익힌 고기를 먹지 않도록 해야 합니다. 하지만 임산부가 고양이의 분변을 만져 톡소플라즈마에 감염될 확률은 극히 낮고, 오히려 육류를 익혀 먹지 않거나 잘 씻지 않은 채소를 섭취하여 감염되는 사례가 더 많습니다. 톡소플라즈마 기생충은 입을 통해 감염되는 것 외에도 오염된 혈액을 수혈받거나 감염된 장기를 이식하는 경우에도 체내로 들어올 수 있습니다.

고양이 AI는 사람에게 전염될 수 있는가

2016년도에 경기도 포천시에서는 고병원성 AI가 발생한 가금사육농가 주변에 살던 길고양이가 AI에 감염된 것으로 의심되는 사례가 발생했습니다. 고양이에게서는 실제로 H5N6형 AI 바이러스가 검출됐다고 합니다. 국내의 경우 고병원성 AI 바이러스 감염이 포유류에게서 발견된 것은 2014년 개에서 AI 항체가 발견된 뒤 2년 만입니다.

조류 AI가 사람에게 감염되듯이 고양이에게도 감염될 수 있습니다. 그러나 고양이로부터 사람으로 전염된 사례는 없으며, 관심을 가지고 지켜볼 필요성은 있지만 전염될 가능성은 희박하다고 봅니다.

물론 안심할 수는 없습니다. 최근 뉴욕 맨해튼에 위치한 동물보호센터(ACC)에서 고양이를 돌보던 수의사 1명이 H7N2형 AI에 감염된 것으로 밝혀졌는데, 고양이로부터 AI가 감염됐을 가능성이 제기됐습니다. 이 수의사는 가벼운 증세만을 보인 뒤 회복됐지만, 그가 근무한 동물보호소에서는 최근 한 달여 사이에 45마리 이상의 고양이가 H7N2형 AI 바이러스에 감염된 사실이 확인되었습니다.

길고양이가 걸릴 수 있는 흔한 질병

길고양이가 걸릴 수 있는 흔한 질병이나 전염병은 허피스 바이러스 감염증, 범백혈구감소증(범백), 구내염 등이 있습니다. 고양이 허피스 바이러스성 코기관염은 고양이 허피스 바이러스에 의해 생긴 고양이에게서 나타나는 상부 호흡기계 질병이고, 대부분 어린 고양이에게 심하게 발병하며 사망률이 높습니다. 허피스 바이러스는 또한 결막염, 각막염의 원인이 되고, 눈꺼풀 아래 화농성 염증물의 원인이 되기도 합니다.

고양이 범백혈구감소증은 고양이 파보바이러스에 의해 발병하는 바이러스성 장염입니다. 전염성이 매우 강하고 치사율이 높습니다. 모든 고양이에게 치명적인 이 병의 이름이 범백혈구감소증인 이유는, 이것에 감염된 고양이에게서 백혈구가 현저하게 감소하는 증상을 보이기 때문입니다. 주로 감염된 동물의 체액, 배설물 등의 접촉으로 감염되는데, 감염된 동물과 접촉했던 적이 있는 침구류, 음식뿐만 아니라 착용했었던 의류나 신발에 의해서도 감염될 수 있습니다. 한편 고양이 파보바이러스는 가장 먼저 위장관 내벽을 공격하여 위장 전체에 궤양을 형성하며 혈변, 설사, 구토, 심한 탈수, 영양실조, 빈혈 등의 증상을 일으킵니다. 또한 2차 감염 또는 설사로 인한 탈수로 사망에 이를 수도 있습니다.

구내염은 잠복기가 긴 치은염, 치주염과 인두염에 의해 생기는 고양이의 특징적 질병입니다. 원인은 분명하지 않지만 면역학적 반응에 의하여 발생하는 것으로 의심되며, 주로 혀나 입안의 다른 부위에서 발생합니다. 과도한 침 흘림, 구강과 혀의 종창, 종괴, 통증, 구강점막의 울혈, 홍반, 발적, 궤양, 수포, 농포, 미란, 절창, 림프절 종대, 탈수와 건강 상태 불량, 식욕 부진으로 인한 체중 감소 등의 증상을 보입니다. 또 잘 씹지 못하고, 음식을 먹을 때 머리를 흔들거나, 호흡 시 이상한 냄새가 나고 구강에서 악취가 발생합니다. 또한 그루밍을 못하여 털이 뭉쳐있는 경우가 많습니다. 수유묘의 경우에는 새끼에게 젖을 잘 먹이지 않기도 합니다.

길고양이의 질병 관리

길고양이의 경우 질병에 걸려도 늦게 발견되고 쉽게 케어하기 힘들기 때문에 예후가 불량한 경우가 많습니다. 질병에 걸린 것으로 의심되는 고양이는 최대한 빨리 구조하여 신속하고 적절한 치료를 받을 수 있게 해야 합니다. 또한 가능하면 예방 접종을 하는 것이 전염병에 걸리지 않도록 하는 최선의 방법입니다. 고양이에게 먹이를 줄 때는 고양이의 식기 등을 항상 청결하게 관리하며, 전염 매개체가 되지 않도록 수시로 손을 씻는 것이 중요합니다.

다묘 가정의 집단 사육

다묘 가정에서는 집단사육으로 인한 스트레스로 인하여 고양이가 사망하는 경우도 있습니다. 서열 문제로 먹이를 충분히 못 먹는다든가 화장실 사용이 자유롭지 못하여 방광염에 걸리는 경우도 많습니다. 또한 질병에 걸려도 다묘 가정의 경우 조기에 발견하지 못해서 치료 시기를 놓치는 경우도 많습니다. 항상 개체별로 활력이나 음수량, 식욕에 대하여 체크하고 깨끗한 물을 항상 제공하며 화장실을 여러 개 설치하여 자유롭게 이용할 수 있게 하는 것이 중요하다고 봅니다.

길고양이 TNR, 꼭 해야 하나요?

　길고양이의 수명은 평균 3년 안팎에 불과하다. 집고양이의 5분의 1에 불과한 짧은 생을 살다 가는 게 길고양이다. 3년 안팎의 짧은 삶도 그나마 먹이를 찾아 헤매고, 사람에게 쫓기고, 출산과 발정 스트레스에 시달리는 등 가혹한 날들의 연속이다. TNR은 단순한 중성화 수술이 아니라 길에서 사는 고양이에게 보다 높은 '삶의 질'과 보다 건강한 삶을 선물하는 것이다.

　TNR을 하게 되면 우선 길고양이는 발정 스트레스와 출산으로 인한 질병으로부터 자유로울 수 있다. 이는 길고양이의 수명에도 영향을 미쳐, 수술을 받은 고양이는 더 오래 건강한 삶을 유지하며 살아갈 수 있다. 길고양이의 입장에서도 어떤 캣맘을 만나느냐에 따라 그 지역 길고양이들의 삶이 달라지는 것이다.

임신 중 고양이 TNR 해도 될까요?

우선 임신묘를 감별할 필요가 있는데, 육안으로 봐서 양옆 배가 불룩하게 나와 있다면 만삭이기에 수술을 하면 안 된다. 정확한 개월 수를 측정하려면 초음파 검사를 해야 하는데, 마취를 하고 진행하는 초음파는 태아에게도 산묘에게도 좋지 않기에 캣맘이 육안으로 만삭 여부를 판단하는 게 더 안전하다. 다만 아주 임신 초기일 때는 부득이하게 중성화 수술을 진행하기도 한다.

산묘의 부상 정도나 질병 정도에 따라 부득이하게 중성화를 진행할 때도 있다. 산묘의 부상이 심하여 응급 외과 수술이 필요한 경우에는 산묘와 태아를 모두 포기하기보다 우선적으로 산묘를 살리기 위해 불가피하게 수술을 한다.

이미 출산한 어미고양이의 경우에는 출산 후 2개월 이상이 지나서 TNR을 진행하는 것이 좋다. 출산 후 2개월까지는 자궁과 난소의 혈관이 두꺼워져서 몸에 무리가 갈 수 있고 아기고양이는 출생 후 30일에서 45일 정도가 지나야 사료를 먹을 수 있기 때문에, 어미고양이를 너무 일찍 TNR시키면 아기고양이의 생명이 위험해질 수도 있다.

길고양이, TNR 표식 꼭 해줘야 하나요?

간혹 고양이의 귀를 자르는 게 불쌍하다고 TNR 표식을 거부하는 사람들도 있다. 하지만 중성화 수술을 실시한 고양이와 실시하지 않은 고양이를 구분하기 위해서는 수술 후 한쪽 귀를 커팅하는 것이 식별을 위해 꼭 필요하다. 표식을 확실하게 해 주지 않으면 다시 포획될 가능성이 높아지며, 중성화가 된 상태인지 아닌지 분간하기 어렵고, 최악의 경우 이미 수술했던 고양이를 개복하는 불상사가 생길 수도 있다. 특히 암컷은 표식이 없으면 구분하기 어려워 반드시 표식을 해 줘야 한다.

귀 끝을 자르는 방법은 병원마다 약간씩 차이가 있을

수 있으나 우리나라에선 왼쪽 귀 끝 부분을 1cm가량 가로로 커팅하기 때문에, 사람이 마주 볼 때 오른쪽 귀가 잘린 것으로 보이는 게 일반적이다.

일본에서는 귀 끝을 V자 모양으로 커팅해 귀 모양이 벚꽃잎과 닮았다 하여 중성화 수술을 한 길고양이를 벚꽃고양이라고 부르기도 한다.

길에서 데려와 키우는 반려묘 TNR 지원받을 수 있나요?

 고보협 TNR 지원 대상은 길에서 살고 있고, 앞으로도 길에서 살아가게 될 길고양이에게만 해당된다. 길고양이를 수술시켜 입양 보내거나 집에 들여 반려묘로 키우려는 경우는 신청 대상이 아니다.

 이를 증명하기 위해 TNR을 신청할 때와 수술 후에 사진을 곁들인 후기를 반드시 올리도록 되어 있다. 반려묘의 중성화 수술은 해당 지역에서 실력 있고 저렴한 비용으로 수술해 주는 동물병원을 검색하여 진행하면 된다.

포획틀 어떻게 빌리나요?

고보협 회원이라면 누구나 포획틀을 대여할 수 있다. 하지만 아무 때나 대여가 가능한 것이 아니고, 길고양이 TNR 및 구조 시에만 대여가 가능하다. 대리 신청은 불가능하다.

후원회원은 5만원, 준비회원은 10만원의 보증금을 내야 하며, 홈페이지에서 〈통덫 신청글〉을 작성하면 확인 후 발송하게 된다. 고보협의 포획틀은 사용 완료 후 협회에 반납하는 게 아니라 대여자가 직접 다음 신청 회원에게 발송해야 한다(사용 완료 순, 신청자의 인근 지역 순으로 발송 신청이 접수된다). 긴급 구조의 경우 발송자에게 직접 연락해 수령할 수 있다. 이때 수령하는 캣맘이 수령 완료글을 올리면 협회에서 이전 사용자에게 보증금을 환급해 준다.

고양이 학대를 목격했어요

　고양이 학대를 목격했다면 일단 사진이나 동영상 촬영, 녹취 등을 통해 증거를 확보하고 사체를 회수한 다음 112에 신고한다. 혼자 힘으로 해결할 수 없다고 판단되면, 동물단체 또는 고보협 불법행위 고발란에 신고해 협회 차원에서 대응에 나서도록 한다.

　때리고 죽이는 것만이 학대가 아니다. 유기, 방치, 굶김, 열악한 환경 등도 학대에 포함된다. 사람이 살 수 없는 곳에서는 동물도 살 수 없다. 좁은 공간에 고양이를 끊임없이 데려와 키우는 애니멀 호더와 같이 잘못된 사랑 방식으로 동물을 힘들게 한다면 그 또한 학대에 속한다.

　우리나라는 아직 동물 학대에 대한 처벌이 약한 편이다. 하지만 학대 사건이 발생하면 재발 방지를 위해, 그리고 동물의 생명 또한 똑같이 소중하고 귀하다는 것을 알리기 위해서라도 적극적으로 신고·고발을 진행할 필요가 있다.

쥐약 살포, 어떻게 대응해야 하나요?

쥐약 살포는 엄연한 동물학대다. 만약 길고양이가 싫어 쥐약 살포를 하는 사람이 있다면 사진을 촬영하는 등 증거를 확보한 뒤 112에 신고해야 한다. 다른 학대와 마찬가지로 혼자서 해결할 수 없다면 고보협 불법행위 고발란에 제보하도록 한다. 또한 아파트 내 쥐약 살포 시 고보협의 〈독극물 관련〉 메뉴에서 쥐약 살포에 대한 협조요청문과 쥐약틀을 신청하면 협회에서 관리사무소에 발송해 준다.

차후 개선이 되지 않을 경우 협회 차원에서 관리사무소와 지역 환경과 담당 관리자와의 통화를 진행한다. 일반 주택가에 쥐약을 살포할 시에도 협회에 협조 요청문을 신청해 전달받을 수 있으며, 개선되지 않을 경우 협회 차원에서 해당 지자체와 통화하여 문제를 바로잡아 가고 있다. 쥐약 살포는 주민과 어린이, 다른 반려동물에게도 치명적인 위험이 될 수 있으므로 이 점을 널리 홍보할 필요가 있다.

고양이가 텃밭을 파헤친다는 이유로
쥐약을 살포한대요

　시골에서는 고양이가 텃밭을 파헤친다는 이유로 쥐약을 살포하는 일이 빈번하게 일어난다. 안타깝게도 농촌 지역에서는 고양이를 텃밭이나 파헤치고 농작물을 망치는 유해 동물쯤으로 여기는 게 현실이다. 그리고 대다수의 사람들은 쥐약을 살포해 고양이를 죽여 놓고도 그것이 학대인줄 모르거나 알아도 대수롭지 않게 여기는 편이다.

　더구나 농촌에서 쥐약을 살포하는 사람들은 대부분 나이가 많아서 아무리 동물 학대에 대해 설명해도 설득할 수 없는 이들이 대부분이기도 하다. 그러므로 시골에서는 가급적 고양이가 텃밭 가까이 오지 못하도록 하는 방법을 해결책으로 제시하는 게 좋다.

고양이가 텃밭 가까이 오지 못하도록 하는 방법

❶ 고양이가 싫어하는 박하향이나 오렌지, 귤, 식초 등 향이 강한 액체를 스프레이로 밭 주위에 뿌리거나 그러한 식물을 심는다. 하지만 텃밭의 규모에 따라 커다란 효과를 보지 못할 수도 있다.

❷ 엄나무나 아까시나무를 비롯한 가시가 달린 나뭇가지 등을 밭 주변이나 농작물 주위에 둘러놓는다. 효과를 보았다는 사람이 제법 많다.

❸ 플라스틱 포크를 5센티미터 간격으로 거꾸로 (포크 부분이 위로 손잡이 부분이 흙 속으로 가도록) 식물 사이에 꽂아 둔다. 도심의 화단처럼 작은 공간의 텃밭에서는 효과가 있지만, 규모가 있는 텃밭에는 어울리지 않는 방법이다.

❹ 고양이가 싫어하는 닭의 배설물을 식물 사이와 밭 주위에 뿌려 놓는다.

❺ 모기장 그물로 식물을 덮는다.

❻ 가장 확실한 방법은 텃밭의 주변을 그물망이나 펜스 등으로 둘러쳐 아예 고양이가 텃밭에 들어가지 못하도록 차단하는 것이다. 실제로 최근 농촌에서 고라니나 멧돼지, 고양이의 출입을 막기 위해 가장 많이 사용하는 방법이기도 하다.

시장에서 고양이를 팔고 있어요

길가 노점이나 지하철 혹은 재래시장에서 개, 고양이, 토끼 등을 파는 행위는 엄연히 불법이다. 동물판매업 등록제 법안 제15조(동물판매업·동물장묘업의 등록)를 보면 "농림수산식품부령이 정하는 동물을 판매의 목적으로 생산 또는 수입하거나 이를 판매하는 업(이하 '동물판매업'이라 한다)을 하고자 하는 자는 농림수산식품부령이 정하는 바에 따라 시장·군수에게 등록하여야 한다."고 명시돼 있다.

동물판매업을 하려면 적절한 환경과 조건을 갖추고 교육까지 이수한 뒤, 적법한 절차에 따른 허가를 받는 것이 필수적이다. 이런 불법행위를 본다면 즉시 112로 신고해야 한다. 고보협 불법행위 고발란에 관련 내용을 작성해 담당자와 논의하는 것도 좋다.

고양이 사체 발견과 부검의뢰

고양이가 사는 길 위에는 온갖 위험이 도사리고 있다. 로드킬과 전염병, 고양이 혐오자의 학대와 쥐약 살포까지 길고양이의 삶은 하루하루가 사투에 가깝다. 혹시라도 자신이 돌보는 길고양이가 죽었다면 우리는 그 사인이 무엇인지 정확히 알 필요가 있다. 그래야 남아 있는 고양이를 지키고, 혹시 모를 차후의 사고를 방지할 수가 있기 때문이다.

만일 사체가 된 길고양이의 사인이 의심스럽다면 부검을 받는 것도 한 방법이다. 항간에는 부검을 하면 비용이 많이 들고 의뢰 절차도 까다롭다는 소문이 있지만, 고보협의 불법 행위 고발란에 신고하고 절차를 밟게 되면 어렵지 않게 부검을 의뢰할 수 있다.

다만 의뢰인은 사체 발견 시 부패하지 않도록 냉동 보관을 해 놓는 게 좋다. 접수가 되면 고보협에서 의뢰인을 대신해 농림축산검역본부에 부검 의뢰를 진행해 준다. 부검 결과 동물학대로 밝혀지면 고발하여 기록을 남겨 놓는 것도 차후 학대범의 가중 처벌을 이끌 수 있는 길이며, 만약 전염병일 경우 남은 고양이를 전염으로부터 예방할 수 있는 길이기도 하다. 사망 원인이 범백이라면 다른 고양이에게 전염되지 않도록 밥그릇과 물그릇을 교체하고 주변 소독으로 전염을 예방할 수 있다.

사체를 수습할 때는 박스나 신문지, 천으로 감싼 뒤 사람의 눈에 띄지 않도록 직접 묻어 주도록 한다. 그러나 여기서 알아 둬야 할 것은 동물의 사체는 법적으로 '폐기물'로 분류돼 종량제 쓰레기봉투에 담아 버리는 게 원칙이라는 것이다. 다만 자신이 돌보던 고양이를 쓰레기 취급해 쓰레기봉투에 담아 버리는 것은 가슴 아픈 일이므로 사유지를 가지고 있는 캣맘이라면 자신의 땅에 묻어 주는 것이 최선의 방법이다. 하지만 사유지가 아닌 곳에 동물을 매장하면 법적인 처벌을 받을 수 있다는 것 또한 유념할 필요가 있다. 만일 도저히 자신의 손으로 사체를 수습하기 힘들다면 각 지자체로 전화해 사체 수거를 요청하면 지자체에서 수거해 폐기물로 처리한다. 서울 지역은 다산콜센터(120번)로 연락하면 사체 처리 도움을 받을 수 있다.

• 전문가 칼럼

동물학대와 동물보호법 처벌

한국고양이보호협회 고문변호사
바다고양이 장서연

길고양이를 학대하면 처벌할 수 있나요?

길고양이도 동물보호법의 보호대상이 되는 동물에 해당합니다. 동물보호법의 동물이란 고통을 느낄 수 있는 신경체계가 발달한 척추동물로서 포유류, 조류 등을 말합니다. 동물보호법은 동물학대를 금지하고 있고, 위반할 경우 1년 이하의 징역 또는 1천만원 이하의 벌금으로 처벌하고 있습니다(2018년 3월부터 시행될 동물보호법은 동물학대행위에 대한 처벌을 강화해야 한다는 사회적 공감대가 형성되어, 2년 이하의 징역 또는 2천만원 이하의 벌금으로 처벌이 강화되었습니다). 따라서 길고양이를 학대하는 경우에는 형사 처벌의 대상이 됩니다.

동물보호법의 동물학대는 어떤 행위인가요?

동물보호법은 동물학대를 몇 가지 행위로 분류하고 있습니다. 2018년 3월부터 시행되는 동물보호법 기준으로 보면, 첫째, 길고양이를 잔인하게 죽이는 행위입니다. 1) 목을 매다는 등의 잔인한 방법으로 죽음에 이르게 하는 행위, 2) 노상 등 공개된 장소에서 죽이거나 같은 종류의 다른 동물이 보는 앞에서 죽음에 이르게 하는 행위, 3) 고의로 사료 또는 물을 주지 아니하는 행위로 죽음에 이르게 하는 행위, 4) 그 밖에 수의학적 처치의 필요, 동물로 인한 사람의 생명·신체·재산의 피해 등 농림축산식품부령으로 정하는 정당한 사유 없이 죽음에 이르게 하는 행위가 동물학대에 해당합니다. 불필요하게 고통을 주면서 잔인한 방법으로 죽음에 이르게 하는 행위를 동물학대로 규정하고 있는 것입니다. 또한 고의로 길고양이를 죽음에 이르게 한 게 아니라 하더라도 결과적으로 죽였다면 '죽음에 이르게 한 행위'에 해당하므로 위 규정에 따라 처벌을 받게 됩니다.

둘째, 길고양이에게 1) 도구·약물 등 물리적·화학적 방법을 사용하여 상해를 입히는 행위입니다. 그 다음으로 2) 살아있는 상태에서 동물의 신체를 손상하거나 체액을 채취하기 위한 장치를 설치하는 행위, 3) 도박·광고·오락·유흥 등의 목적으로 동물에게 상해를 입히는 행위, 4) 그 밖에 수의학적 처치의 필요, 동물로 인한 사람의 생명·신체·재산의 피해 등 농림축산식품부령으로 정하는 정당한 사유 없이 신체적 고통을 주거나 상해를 입히는 행위도 동물학대행위에 해당합니다. 동물보호법은 이번 개정에서 '상해를 입히는 행위'뿐만 아니라 '신체적 고통을 주는 행위'도 동물학대행위로 포함함으로써 길고양이의 상해가 증명되지 않더라도 길고양이를 때리는 행위만으로도 동물학대로 처벌할 수 있게 되었습니다.

셋째, 길고양이를 포획하여 판매하거나 죽이는 행위, 판매하거나 죽일 목적으로 포획하는 행위도 동물보호법에 의하여 처벌을 받습니다. 뿐만 아니라 불법포획한 길고양이임을 알면서도 알선·구매하는 행위도 처벌받으며, 동물학대 행위를 촬영한 사진 또는 영상물을 판매·전시·전달·상영하거나 인터넷에서 게재하는 행위도 처벌하고 있습니다(다만, 동물보호의식을 고양시키기 위한 목적이 표시된 홍보 활동 등은 제외됩니다).

길고양이를 쫓기 위한 올가미, 쥐덫, 쥐약을 사용하는 것을 처벌할 수 있나요?

길고양이를 쫓기 위하여 올가미나 쥐덫을 놓거나 쥐약을 사용하는 경우, 그로 인하여 길고양이가 상해를 입은 경우에는 도구나 약물을 사용하여 상해를 입히는 행위이므로 동물학대에 해당합니다. 그리고 그로 인하여 길고양이가 죽음에 이른 경우에는 길고양이를 잔인한 방법으로 정당한 사유 없이 죽음에 이르게 했으므로 당연히 동물학대에 해당합니다. 여기서 짚고 넘어갈 부분이 있다면, 길고양이를 잡기 위한 올가미나 쥐약 등을 발견하였는데 다행히도 길고양이의 피해가 발생하기 전인 경우에도 처벌할 수 있는가의 문제입니다. 현행 동물보호법은 동물학대 미수를 처벌하는 규정이 없으므로 이런 경우에는 처벌이 어렵습니다.

길고양이가 올가미나 쥐약 등으로 상해를 입거나 죽음을 당한 경우에는 동물학대에 해당하므로 관할 경찰서에 신고하거나 수사를 의뢰할 수 있습니다. 주의할 점은 올가미나 쥐덫, 쥐약을 놓은 행위자가 누구인지 밝혀지지 않았거나(이 때문에 증거 수집이 필요합니다), 쥐덫, 쥐약을 놓은 행위가 길고양이를 목적으로 하는 것인지의 여부가 불분명한 경우(쥐를 잡기 위해서 놓았다고 주장하는 경우) 실제로 처벌하기 어려울 수 있다는 것입니다. 하지만 캣맘(캣대디)이 주는 길고양이 사료에 쥐약을 넣거나 길고양이가 자주 지나다니는 길목에 올가미나 쥐덫을 놓아 실제로 길고양이가 상해를 입거나 죽음에 이른 경우에는 동물학대행위에 해당한다고 판단할 여지가 높다고 할 수 있습니다.

수사기관의 동물학대에 대한 인식이 여전히 낮고, 캣맘(캣대디)은 동물학대 사건에서 직접적인 피해자가 아닌 고발인이 되기 때문에 수사 절차에 개입하기 쉽지 않은 게 현실입니다. 이러한 경우에는 동물보호단체나 시민들의 탄원서 등을 통해 수사기관에 동물학대 사건의 심각성, 중대성을 알리는 것이 도움이 되기도 합니다.

좋은 사료를 못 주는데, 길냥이 사료만으로도 건강할까요?

캣맘이 없는 지역의 아이들은 사람들이 남긴 음식물 쓰레기로 목숨을 연명하고 있는 게 현실이다. 길에서 살아가는 고양이들에게 좋은 사료를 주면 더할 나위 없이 좋겠지만, 시중에 나와 있는 비교적 저렴한 길냥이 사료에도 아이들이 살아가기에 필요한 영양분이 대부분 들어가 있다. 당연히 음식물 쓰레기보다는 이런 사료가 길고양이 건강에도 좋다고 할 수 있다.

만일 길고양이의 건강을 조금 더 챙겨 주고 싶다면 사료에 엘라이신과 타우린을 뿌려주는 것만으로도 충분하다. 출산묘나 환묘를 위해 가끔 특별식으로 닭을 삶아 주는 것도 영양 공급에 큰 도움이 된다.

길고양이 밥 주지 말라는
공문이 붙었어요

길고양이에게 먹이를 주는 활동은 불법이 아니다. 하지만 내 활동으로 인해 주변 사람들이 혹여 불편을 겪고 있지는 않은지 한 번씩 체크해 보는 게 좋다. 밥그릇 관리와 함께 밥자리 청소도 자주 할 필요가 있다. 그럼에도 '길고양이에게 밥을 주지 말라'는 공문이나 경고문이 붙어 있다면 고보협 불법행위 고발 란에 신고하여 공문이나 협조문 발송 등의 도움을 받아 보기를 권한다. 협회에서는 길고양이와 관련된 다양한 협조문과 홍보물을 캣맘들에게 배포하고 있다. 때로는 개인이 맨주먹으로 싸우는 것보다 단체의 협조문 한 장이 더 효과적일 때가 있다.

만일 공문을 붙인 당사자를 설득해야 한다면, 이 지역은 엄연히 지자체의 예산으로 TNR을 시행하는 지역(지자체 TNR이 없는 지역은 사비를 들여 길고양이 TNR을 함으로써 고양이에 대한 주민들의 민원을 해결하고 있음을 홍보한다)임을 설명하는 한편 관공서에서 시행하는 TNR의 자원봉사자로 활동하고 있다는 말로 대응하고, 밥을 주거나 TNR을 하면 어떤 점이 좋은지(밥을 주게 되면 고양이는 쓰레기봉투를 뜯지 않아 거리는 오히려 깨끗해지고, TNR을 하게 되면 고양이가 시끄럽다는 민원도 해결되며, 개체 수가 조절돼 더 이상 고양이가 늘지 않게 된다는 점 등등)를 적극 홍보할 필요가 있다.

내가 고양이를 좋아해도 이웃은 고양이를 싫어할 수도 있다는 사실을 항상 고려해야 한다. 이웃과 갈등이 심해지면 결국 그 화살은 길고양이에게 돌아가므로 감정 싸움으로 번지지 않게 조심한다. 도저히 설득이 안 될 경우 급식 장소를 다른 곳으로 옮기는 것을 권한다.

멸치 먹여도 되나요?
닭고기, 개 사료, 소금은?

고양이에게는 당연히 고양이 사료와 고양이 캔을 주는 것이 가장 좋다. 다만 고양이 사료가 없는 상황에서 임시방편으로 주게 될 때는 멸치는 물에 씻어 짠맛을 없앤 다음 주는 게 좋고, 닭은 생닭으로 뼈를 발라주는 게 좋지만 삶아서 연골과 살 위주로 주는 것도 나쁘지 않다.

항간에 고양이에게는 개 사료를 주면 안 된다는 이야기도 많지만, 고양이용 사료가 없다면 개 사료를 먹여도 무방하다. 다만 개 사료에는 고양이에게 필요한 필수 영양분이 포함되어 있지 않으므로 장기 급여는 삼가도록 한다.

가끔은 길에서 먹이를 찾아다니다 탈진한 고양이를 만날 때도 있는데, 만일 준비된 고양이 사료나 간식이 없다면 비상용으로 물과 함께 사람이 먹는 음식(편의점이나 가게에서 손쉽게 구할 수 있는 소시지나 참치캔, 빵 등)을 주는 것 정도는 용인할 수 있는 일이다. 위급한 상황에서 고양이에게 해롭다는 이유로 생명을 살릴 수도 있는 음식을 주는 것조차 경계할 필요는 없다. 다만 어디까지나 이런 음식은 위급한 상황일 때 비상용으로 건네는 것이지 일상적으로 급여해도 되는 것은 아니다.

고양이에 대한 잘못된 상식 중 하나는 소금이 무조건 고양이에게 독이라는 것인데, 이는 사실이 아니다. 고양이는 땀을 흘리지 않아 섭취한 염분을 배출하지 못할 거라는 추측에서 비롯된 오해인 것 같다. 고양이는 섭취한 염분을 땀으로 배출하진 않지만 소변을 통해 배출한다. 인간과 마찬가지로 고양이도 염분을 필요로 한다. 만약 많은 염분을 섭취하도록 방치한다면 고양이의 건강에 치명적일 수 있지만, 염분 섭취가 지나치게 부족해도 오히려 건강에 해를 끼칠 수 있다.

미국의 「영양저널(Journal of Nutrition)」에 따르면 평균 크기의 고양이는 하루에 약 21mg의 소금을 섭취해야 한다. 하지만 사료 급식을 받지 못하는 길고양이들은 음식물 쓰레기를 먹게 되는데 사람들의 음식에는 염분이 너무 많아서 고양이에게 위험할 수 있다. 특히 물을 구하기 어려워 수분 섭취를 제대로 할 수 없는 겨울철은 신부전증이 있는 고양이에게 치명적이다.

고양이에게 해로운 음식들

고양이에게 해로운 음식들에 대한 리스트가 인터넷에 수없이 떠돌고 있지만, 더러는 과장된 측면도 없지 않다. 대체로 염분이 많은 짠 음식은 고양이의 신장에 좋지 않으므로 주지 않는 게 좋다. 카페인과 알콜이 들어간 음료도 구토와 설사를 유발할 수 있으므로 주의해야 한다.

날달걀

날달걀에 기생충과 살모넬라균이 번식할 수도 있다. 삶은 달걀은 먹여도 되지만 소량만 먹이는 게 좋다.

포도

신장 손상의 위험이 있다고 한다.

오징어, 문어, 새우, 건어물

비타민 B1 흡수를 막고 중독을 일으키는 것으로 알려져 있다. 생선을 말린 건어물은 염분이 과다하므로 되도록 주지 않는 것이 좋다.

알코올

술 종류는 구토와 설사를 유발하며, 간과 뇌 손상을 일으킬 수 있고, 고양이를 혼수상태에 이르게 할 수도 있다.

우유

우유는 애묘인이나 전문가들 사이에서도 의견이 나뉘곤 하는 음식이다. 어떤 분들은 고양이가 젖당분해효소가 없으므로 우유를 주면 안 된다고 주장하는데, 엄격히 말하자면 고양이는 생후 5주까지는 젖당분해효소가 부족하지 않고, 이후 젖당분해효소가 사라지기 시작해 약간의 젖당분해효소만 남는 것으로 알려져 있다(김병목, 『고양이 공부』 115p 참조). 우유에는 분명 고양이에게 좋은 영양소도 들어 있으므로 고양이의 나이와 상태에 따라 소량을 먹인다면 탈이 날 염려는 적다. 다만 우유를 먹고 피부에 이상이 생기거나 아예 우유를 싫어하는 고양이도 있으니 주의해야 한다. 또 시중에 고양이 전용 우유가 나와 있으므로 이왕이면 전용 우유를 주는 것이 안전하다.

아보카도

열대과일인 아보카도에는 펠신(Persin)이라는 성분이 있어 고양이에게 구토, 설사 등의 중독증상을 일으킬 수 있기 때문에 주지 않는 것이 좋다.

©정하

날고기, 날생선

날고기와 날생선은 톡소플라즈마를 비롯한 병원균 감염 위험이 있다. 하지만 길에서 살아가는 고양이는 사료 급식을 받지 못하는 경우 쥐나 새, 생선 등 날것을 먹이로 삼을 수밖에 없다. 감염 위험이 있긴 하지만, 날고기나 날생선을 무조건 고양이에게 해로운 음식으로 분류하는 것은 옳지 않다. 엄격히 말해 사료 또한 완전식품은 아니기 때문이다. 이런저런 이유로 최근에는 고양이에게 생닭으로 사료를 대신하는 사람들도 적지 않다.

초콜릿

초콜릿은 고양이에게 가장 위험한 음식 중 하나다. 중독을 일으킬 수 있는 음식으로 소량만 섭취해도 구토나 설사, 신경계 이상과 발작을 유발하며 심하면 죽음에 이를 수도 있다. 커피 등 카페인이 들어간 음료도 고양이에게 좋지 않다.

파, 마늘, 양파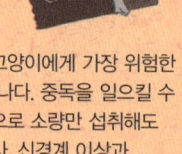

파, 양파, 마늘 등은 고양이에게 빈혈을 유발할 수 있으며, 적혈구를 손상하는 것으로 알려져 있다. 그러나 더러 고양이 영양제 등에 마늘이 함유된 경우가 있는데, 생마늘이 아닌 제품으로 생산된 것은 적당량을 사용하면 오히려 고양이의 건강에 도움이 된다고 한다.

고양이에게 위험한 식물

백합, 히아신스, 양귀비, 튤립, 나팔꽃(씨에 독성이 있음), 진달래, 팬지, 제비꽃, 은방울꽃 등.

급식소를 옮겨야 할 때 어떻게 하면 좋은가요?

급식소를 갑자기 옮기는 경우, 고양이들이 옮긴 장소를 몰라 기존 급식소만 계속 찾아와 기다리게 될 확률이 높다. 급식소를 옮길 때는 시간을 두고 매일매일 조금씩 자리를 옆으로 이동하여 장소를 옮겨 주는 게 좋다. 고양이가 보는 앞에서 밥그릇을 옮기면서 매일매일 조금씩 장소를 이동하는 것도 한 방법이다.

이사를 가야 하는데
어떻게 하면 좋은가요?

이사를 가게 된다면 필히 인근 지역에 길고양이 돌봄 활동을 하는 캣맘이 있는지 또는 길고양이에 우호적인 동네라면 도움을 줄 수 있는 사람이 있는지 찾아보는 것이 좋다. 매일 고정적으로 사료를 받아먹던 길고양이는 캣맘이 하루 아침에 없어진다면 그 장소에서 계속 기다림을 반복할 가능성이 크다. 또 하염없이 하루 종일 기다리는 모습을 길고양이를 싫어하는 사람이 자주 보게 된다면 동네에 길고양이가 너무 많다는 잘못된 인식을 줄 수도 있다.

길고양이와 관련된 인터넷 커뮤니티에 지역과 돌보는 숫자 등을 알리고 대신 돌봄 활동을 해 줄 사람을 적극적으로 찾아야 한다. 하지만 나만큼 해 줄 수 있을 거라는 기대는 하지 말아야 한다. 길고양이 밥주기는 결코 쉬운 일만은 아니기에, 이사나 이직이 잦은 캣맘의 무분별한 밥주기가 되려 길고양이들에게 어려움을 줄 수 있다.

사료에 개미가 생겨요

 길고양이 밥을 주다 보면 생기는 고민거리 중 하나가 사료에 개미가 꼬이는 것이다. 많은 캣맘들이 이에 대한 해결책을 제시하기도 했고 이와 관련해 고양이 커뮤니티 등에서 여러 가지 해법이 나돌기도 했는데, 그중 효과가 있는 몇 가지 방법을 소개하고자 한다.

개미를 쫓는 방법

1. 고무판이나 바닥에 굵은 소금을 깔고, 사료그릇을 올려놓는다.
2. 고양이 밥 주는 장소를 자주 바꾼다.
3. 고양이가 밥을 먹고 나면 곧바로 사료 부스러기를 치우고 남긴 사료는 회수한다.
4. 사료그릇에 식초나 레몬즙을 발라 개미가 접근하지 못하도록 한다.
5. 개미가 끈적이는 표면을 걷지 못하도록 사료그릇에 바셀린을 바른다.
6. 사료그릇에 고무줄을 두어 개 감아 놓는다. 개미는 고무냄새를 싫어한다고 한다.
7. 커다란 그릇에 물을 붓고, 그 안에 사료그릇을 넣어 물로 개미의 접근을 차단한다. 현재 캣맘들이 가장 많이 사용하는 방법이다.
8. 사료그릇을 따라 둥글게 크레파스를 칠한다. 최근에 이 방법을 담은 영상이 유튜브에 업로드 되어 많은 호응을 얻은 적이 있고, 실제 효과를 보았다는 사람도 많다.

급식소 주변 고양이의 배변 문제, 어떻게 할까요?

 급식소 주변에 고양이가 배변을 처리할 만한 흙이나 땅이 없다면 가까운 곳에 화장실을 만들어 주는 게 좋다. 급식소 주변에 고양이 배설물이 쌓여 냄새를 풍기면 민원의 원인이 되곤 한다. 집고양이라면 시중에서 파는 고양이 모래로 이런 문제를 해결할 수 있지만, 길고양이의 경우 그렇게 간단하지 않다.

 고양이용 모래는 야외에서 비나 눈이 내리면 사용할 수 없을뿐더러 사람들 눈에도 잘 띄므로, 길고양이에겐 건축용 모래를 사용하는 게 더 적합하다. 서랍이나 집에서 쓰던 고양이 화장실 등으로 모래 통을 만들어 주거나 인적이 드문 곳에 모래더미를 만들어 주고 자주 치워 주도록 한다. 시골이라면 마당이나 텃밭 한편에 배수가 잘되는 흙을 일구어 화장실을 만들어 줘도 된다.

헤어볼이 뭔가요?

고양이는 그루밍을 하게 되면 자연스레 털을 먹게 되고, 이렇게 삼킨 털이 위에 쌓이면서 뭉치게 된다. 위에 쌓여있던 털은 일부 배변을 통해 배출되고, 남아 있는 털 뭉치는 구토를 통해 배출한다. 이 털 뭉치를 헤어볼이라고 한다. 길고양이들의 경우 강아지풀(또는 캣그라스) 같은 풀을 먹고 헤어볼을 토해 내기도 한다.

헤어볼 배출을 돕기 위해서는 정기적으로 헤어볼 사료나 헤어볼 캔 등을 먹이는 게 좋다. 고양이가 헤어볼을 토하는 것은 지극히 정상적인 행동이므로 안심해도 된다. 오히려 헤어볼을 배출하지 못하면 위장에 쌓이게 되어 수술까지 해야 하는 경우가 발생한다.

고양이가 쥐를 물어다 놓았어요

길고양이가 쥐를 물어다 놓는 것은 사료를 주는 캣맘에 대해 고마움을 표시하는 선물이다. 만약 쥐를 보고 놀라서 큰소리로 비명을 지르거나 혼을 낸다면 고양이는 마음의 상처를 입게 된다. 그럴 때는 정성이 담긴 고양이의 선물이라 생각하고, 놀란 마음을 진정시킨 뒤 기뻐하며 고양이를 칭찬해 주어야 한다. 사체는 고양이가 보지 않을 때 몰래 처리하면 된다.

고양이는 밥을 주고 보살펴 주는 사람에게 보답으로 선물을 가져오는 흔치 않은 동물이다. 자신이 사는 환경에 따라 쥐나 뱀, 새 등을 사냥해 선물로 가져오기도 하며, 드물게 나뭇잎이나 꽃, 나무 열매 등을 선물로 물고 오는 고양이도 있다고 한다. 그렇게 해서라도 캣맘에게 고마움을 전하고 싶은 고양이의 정성인 것이다.

집에 들인 고양이가
스프레이를 해요

중성화가 안 되어 있는 고양이의 경우 스프레이를 하며, 중성화를 늦게 해 준 아이들 또한 스프레이가 습관이 되어 수술 이후에도 스프레이를 하는 경우가 있다. 중성화가 안 되어 있다면 우선 수술부터 시키고, 같은 자리에 계속 스프레이를 하지 않도록 소독약으로 냄새를 제거해 주면 좋다.

고양이는 스트레스를 받아도 스프레이를 할 수가 있으므로 스트레스의 원인을 찾아 해결해 주도록 한다. 또한 영역동물인 고양이는 실내에서도 자기만의 공간을 필요로 하는데, 박스 등을 이용해 자기만의 공간이나 은신처를 만들어 주는 것도 도움이 된다.

알레르기 때문에 키우던
고양이를 못 키울 것 같아요

고양이에게 유일한 가족과 친구는 반려인이다. 고양이를 가장 잘 알고, 사랑해 줄 수 있는 사람 또한 반려인이다. 만일 함께 살던 고양이가 어렵게 새로운 가족을 만나더라도 고양이는 자신이 또다시 버림받을 수 있다는 불안 속에 살아간다. 자신이 뭔가를 잘못해서 그렇게 된 거라고 생각하기 때문이다.

사실 고양이를 입양한 가족이 마지막까지 고양이를 책임지고 키울 수 있을지는 누구도 알 수 없는 일이다. 결국 데려와 키우던 고양이는 평생 이 집 저 집을 옮겨 다니며 천덕꾸러기로 살거나 유기되어 길에서 남은 생을 비참하게 마감할 것이다. 보호소에 보내게 된다면 일정기간 입양 공고를 올린 뒤, 입양이 되지 않을 시 안락사를 시키게 된다.

반려동물은 더불어 살아가는 가족이다. 가족이란 존재에겐 평생을 지켜 주는 것이 대단하고 특별한 일이 아니라

지극히 당연한 것이다. 맨 처음 고양이를 데려왔을 때의 그 첫 마음을 기억해 보라. 노력하면 극복할 수 있는 문제조차 포기하지는 말았으면 한다. 힘들더라도 함께 살아갈 수 있는 방법을 고민해 봐야 한다.

사실 알레르기는 약을 복용하거나 청소를 함으로써 알레르기를 유발하는 환경을 억제하는 게 답이다. 그럼에도 어쩔 수가 없다면, 나머지 묘생을 끝까지 책임질 최선의 입양처를 찾아 주어야 한다. 포털 사이트 고양이 카페나 SNS의 고양이 커뮤니티, 고보협 입양임보란에 입양글을 올린 다음 신중하게 입양처를 고를 필요가 있다.

길고양이 보호소에 보내려고 합니다

동물 보호소라고 하면 우리는 막연하게 동물을 보호하는 곳이라고 여기게 된다. 그러나 우리나라에서 보호소는 동물을 보호하는 곳이 아닌 경우가 대부분이다. 사설 보호소나 쉼터 또한 크게 다르지 않다. 고양이를 보호한다기보

다 그저 가둬 놓고 제대로 관리조차 하지 않는 곳이 수두 룩하다.

길에서 자유롭게 살던 길고양이가 사람과의 친밀감도 없는 상태에서 좁은 공간에 갇혀 지내야 한다면 그곳은 고양이에게는 지옥이나 다름없다. 사실 큰 부상으로 장애를 안고 살아야 하는 고양이나 사람과의 친밀감이 지나쳐 밖에서 살 수 없는 고양이를 제외하고는 길고양이는 길에서 살아가게 하는 것이 최선의 길이다.

우리는 그들이 길에서 잘 살아갈 수 있도록 사료와 물을 공급해 주고, 해코지하는 혐오자들을 감시하며, TNR을 통해 보다 나은 삶의 질을 선사하는 것만으로도 충분히 그 역할을 다한 것이다.

고양이 보호소를 꿈꾸는 분들이 있다면

보호소나 쉼터는 고양이를 사랑하는 마음만으로 할 수 있는 것이 아니다. 적정 묘구 수를 유지하고, 환묘를 돌보며 전염병 발생을 막는 것을 비롯해, 후원금을 투명하게 관리하는 등 신경 써야 하는 부분이 한두 가지가 아니다. 추후 자원봉사자나 고정으로 상주하는 관리자가 없게 되면 고양이들의 환경은 악화될 수밖에 없다. 그중에는 돌봄 매뉴

얼조차 만들어 놓지 않아 중성화가 안 된 고양이들이 8평 정도 되는 곳에 100여 마리가 생활하며 발정과 출산을 반복하고 그 과정에서 어미가 새끼를 물어 죽이는 믿기 힘든 쉼터도 있었다. 또 기본 검진을 하지 않고 보호소에서 빼오기를 반복하여 자주 범백이 돌고, 봉사자가 부족해 화장실 청소는 물론 사료 급여조차 제대로 되지 않는 곳들도 있었다. 현실적으로 고양이 관리를 위한 사료 값과 모래, 병원비만으로도 한 달에 100만원은 쉽게 사라진다.

후원이나 모금으로 충당하는 일은 언젠가 한계에 부딪힐 수밖에 없다. 버려지는 고양이가 점점 많아짐에 따라 입소 문의는 끊임없이 들어오게 되고, 결국 과도한 묘구수로 인해 사람도 고양이도 고통을 받게 된다. 이런 결과를 예상하지 못한 관리자가 고양이를 버려 둔 채 도망가는 일도 부지기수다.

좋은 마음으로 고양이들을 위해 만든 쉼터가 고양이들에게 고통을 주는 수용소로 전락하고 마는 것이다. 그럼에도 불구하고 고양이 보호소를 꾸리려는 분이라면 냉정하게 입소 관리 철칙을 정하고, 경제적인 문제와 장소 관리에 대한 철저한 플랜을 마련한 후 진행하기를 바랄 뿐이다.

사랑이 아닌 학대, 애니멀 호더

 2012년 고보협에 애니멀 호더에 대한 제보가 들어온 적이 있다. 유명 고양이 커뮤니티에서 임보 봉사를 하던 H씨와 관련된 제보였다. 그는 임보 봉사를 하면서 커뮤니티 내에서는 천사표라고 칭송받던 사람이었다. 처음에는 갈 곳 없는 고양이 2~5마리를 임보했다고 하는데, 어느새 캣맘들 사이에서 임보라면 다 받아주는 것으로 모르는 사람이 없을 정도가 되었다. 10마리 내외이던 고양이는 2~3개월 뒤 50마리까지 늘었고, 그곳을 방문했던 사람들에게서 이상한 소문이 돌았다. 고양이가 들어있는 철장을 그냥 쌓아 놓고 있는 데다 돌보는 것 같지도 않으며, 사료와 모래도 없는 상태라는 소문이었다. 또한 임보처가 있는 1층에서 늘 악취가 진동한다는 제보도 이어졌다.

 결국 고보협이 현장을 방문했다. 우선 그곳에는 고양이가 몇 마리 있는지 정확히 세기 힘들 정도였다. 약 120여 마리 고양이들이 오물과 구더기 속에 방치되어 있었다. 방은 3개였지만, 이미 개체수는 포화 상태였다. 더욱 충격적인 것은 소파 뒤편과 냉장고 칸칸마다 언제 죽었는지도 모르는 고양이 사체들이 쌓여 있었다는 것이다.

애니멀 호더란 많은 동물을 키우는 것에 집착할 뿐, 돌보지 않고 방치하는 사람들을 말한다. 그런데 한국에서는 더러 주변에서 애니멀 호더를 만드는 경우도 있다. H씨 같은 경우 50마리 정도 되었을 때 협회와의 인터뷰에서 임보의 한계점을 알고 있었다. 하지만 끊임없이 사람들로부터 임보 요청이 오고, 그런 환경을 알고도 계속해서 고양이를 보내는 사람들이 존재했다. 그들은 고양이를 보내면서 일단 자기 눈에 보이지 않으니 안심했을 테고, 길 보다는 낫겠지, 춥지는 않겠지, 밥은 굶지 않겠지라며 위안을 삼았을 것이다.

실제로 80마리 가량 되었을 때, 협회에서 그곳에 임보를 맡긴 사람들에게 연락을 취해 사태의 심각성을 알리고, 고양이를 데려가라고 설득했다. 하지만 단 한 명만 고양이를 데려갔을 뿐, 모두 그 끔찍함을 외면했다. 급기야 H씨는 늘어나는 개체수와 상관없이 이상 행동까지 선보였다. 한 지자체 TNR 포획인으로 신청해 활동한다는 거였다.

알고 보니 H씨는 TNR 대상의 고양이를 집으로 데려와 원래부터 키우던 수컷을 이용해 새끼를 낳게 하고, 그 사진을 올려 관심을 받곤 했다. 그러던 어느 날 H씨는 수컷 품종묘와 몇 마리 고양이만 데리고 잠적해 버렸다.

캣맘 활동을 하다 보면 외면할 수 없는 고양이가 있을 수 있고, 또 내가 고양이 밥을 준다고 알려져 여러 곳에서 아기고양이를 데려오는 경우도 생길 것이다. 하지만 캣맘은 항상 중심을 잃지 말아야 한다. 2~3마리였던 고양이가 20~30마리로 느는 건 순식간이다. 내가 돌보지 못하는 고양이를 방문도 안해 본 쉼터에 무작정 보내는 것 또한 무책임한 행동이다. 어쩔 수 없이 고양이를 임보해야 한다면 기본적인 환경이 조성된 곳인지, 운영자가 애니멀 호더로 변할 가능성이 있는지 반드시 확인하고, 틈틈이 후원도 해야 한다. 사실 애니멀 호더의 가장 큰 문제점은 사랑이란 이름으로 고양이를 학대하는 것이다. 열 마리를 키워도 밥을 주지 않고 더러운 환경에서 키운다면 그것 또한 방치이자 학대인 것이다. 내가 중심을 잃고 무너질 것 같다면 과감하게 쉼터 운영을 그만두어야 한다. 그리고 캣맘 활동이나 커뮤니티 활동을 중단하고, 현재 돌보는 고양이에게만 최선을 다해야 한다.

입양계약서 작성해야 하나요?

입양계약서는 반드시 작성해야 한다. 입양을 보낸 후 과도하게 간섭하는 등 무례한 행동만 하지 않는다면, 정성껏 돌본 고양이를 입양 보내면서 입양계약서를 작성하는 일은 절대 지나친 것이 아니다. 또한 입양을 보내고 적응기간 동안 고양이에 대한 안부를 묻는 것 정도는 지나친 행동이 아니니 안심하고 소식을 전해 받아도 된다. 한국고양이보호협회 홈페이지(http://www.catcare.or.kr)에서 다음 양식을 다운로드할 수 있다.

한 국 고 양 이 보 호 협 회
http://www.catcare.or.kr

입 양 계 약 서

입양신청자이름		주민등록번호	
주 소			
집 전 화 번 호		직장전화번호	
핸 드 폰 번 호		이 메 일 주 소	
홈페이지/블로그		단 골 동 물 병 원	

고 양 이 이 름		나 이	
성 별		품 종 및 색 상	
중 성 화 여 부		예 방 접 종/병력	

고양이 입양조건

1. 고양이는 반려동물이 되어 입양신청자 주거지의 실내에서 산다. 고양이를 잃어버린 경우, 즉시 원 보호자에게 알린다. 유기한 경우, 민형사상 책임을 진다.
2. 고양이에게 충분한 양의 영양가 있는 먹이와 신선한 물을 매일 제공한다.
3. 절대로 고양이를 구타하지 않으며, 어떤 식으로든 해를 가하지 않는다.
4. 고양이의 발톱제거 수술은 절대 하지 않는다.
5. 입양조건에 명시된 사항의 실행을 확인하기 위한 원 보호자 방문 및 연락 권한을 인정하며, 원 보호자가 지정하는 곳(인터넷)에 최소 1회/월 입양한 고양이의 근황과 사진을 올린다.
6. 어떠한 이유든, 입양자의 사정으로 고양이를 키우지 못하게 될 경우에는, 고양이를 유기하거나 보호소 또는 개인에게 보내서는 절대 안 되며, 반드시 입양 보낸 당사자에게 돌려보내야 한다.
7. 책임후원비는 어떠한 이유로든 반환하지 않는다.(예방 접종 및 구충 실시)

상기의 입양조건에 동의하며, 입양조건에 명시된 사항을 위반하는
경우에는 고양이에 대한 소유권이 원 보호자와 한국고양이보호협회에
귀속됨을 인정합니다.

년   월   일

길고양이 사진 찍기

　최근 들어 길고양이 사진을 SNS나 블로그에 올리는 사람들이 부쩍 많아졌다. 그에 따른 팁도 여기저기 공유되고 있는 상황이지만 고양이 사진은 좀 특별하다. 고양이와 오랜 시간을 보내며 교감을 나눈 캣맘이 사진 전문가보다 유리하며, 훨씬 좋은 사진을 찍을 수 있기 때문이다. 길고양이 사진은 테크닉보다 교감과 신뢰감이 우선되는 탓이다.

신뢰감 형성

길고양이 사진을 찍기 위해서는 길고양이와 친해지는 게 무엇보다 중요하다. 여기서 '친해지기'란 길들이기의 개념이 아닌 신뢰감을 뜻한다. 지속적으로 한 가족이나 고양이의 성장 과정, 놀이, 평소 행동, 자연스러운 일상을 찍으려면 신뢰감이 바탕이 되지 않고는 불가능하다. 길고양이의 자잘한 일상과 적나라한 모습은 오랜 교감 속에서 나오는 것이다.

인내심은 필수

길고양이 사진은 지속적인 관찰과 인내심을 필요로 한다. 우연히 좋은 사진을 얻을 수도 있지만, 이런 행운이 매번 반복해서 일어나지는 않는다. 고양이라는 피사체는 결코 기다리는 법이 없다. 결국 찍는 사람이 기다리는 수밖에 없다. 길고양이 사진에서만큼은 연출이나 트릭이 통하지 않는다.

동선을 파악한다

고양이는 밥을 먹기 전에 발라당을 하고, 밥을 먹고 나면 화장실을 가거나 그루밍을 한다. 아기고양이 시절에는 밥

을 먹고 나서 저희들끼리 싸움 장난을 하거나 우다다를 하기도 한다. 이렇게 고양이의 행동과 동선을 예측하면 어느 정도 원하는 사진을 얻을 수 있다.

좀 더 다양한 사진을 찍고 싶다면 고양이가 밥을 먹고 나서 낚싯대나 놀잇감으로 놀아 주는 것도 하나의 방법이다. 놀이의 과정에서 고양이의 다양한 행동과 자세, 표정을 발견할 수 있다.

눈에 초점을 맞춘다

꽃 사진이 수술에 초점을 맞추듯 고양이 사진은 눈에 초점을 맞춰야 생동감이 있고, 살아있는 표정을 얻을 수 있다. 물론 특정 부위를 강조하고 싶다면, 강조하고 싶은 부위에 초점을 맞추면 된다.

셔터 우선 모드로 촬영한다

쉴 새 없이 움직이는 길고양이를 찍으려면 빠른 셔터 속도가 필수적이다. 길고양이라는 피사체는 끊임없이 움직일 뿐더러 언제 어떤 돌출 행동을 할지 모른다. 이럴 때 '셔터 우선 모드(TV)'로 설정한 뒤 촬영하면 훨씬 좋은 결과를 얻을 수 있다.

고양이가 장난을 치거나 우다다 혹은 점프를 하는 역동적인 순간을 포착하고 싶다면 셔터 우선 모드에서 되도록 셔터 속도를 1/1250초 이상으로 놓고 찍는 게 좋다. 흔히 고양이 점프 사진을 찍을 때 심령사진처럼 뭉개진 사진이 나오는 경우를 볼 수 있는데, 이런 경우는 대부분 셔터 속도가 저속으로 설정돼 있기 때문이다.

플래시 촬영은 NO!

자연광이야말로 가장 좋은 조명이다. 플래시 촬영은 길고양이를 놀라게 할 수 있고, 곧바로 도망치게 만들 수 있으므로 되도록 시도하지 않는 게 좋다. 설령 플래시 촬영에 성공했다 해도 길고양이의 제빛깔이 나오지 않고, 적목현상(눈동자가 빨갛게 나오는 현상)이 발생해 마음에 드는 사진을 얻을 수가 없다.

비법은 없다

방법이 아무리 많아도 그중 특별한 비법은 없다. 꾸준히 애정을 갖고 촬영하는 과정에서 좋은 사진이 나올 뿐, 비법을 통해 좋은 사진이 나오는 게 아니기 때문이다.

길고양이로 인한 다툼에서
상대를 설득하는 법

경험 많은 캣맘들에게 흔히 듣는 것이 "캣맘하면서 쌈닭이 다 되었어요."라는 얘기다. 주변 환경을 아무리 깨끗이 청소하고 TNR을 통해 주민들의 민원을 해결해도 막무가내로 캣맘에게 시비를 거는 사람들이 있다. 이때 캣맘은 큰 싸움이 되지 않도록 현명하게 대처해야 한다. 결국 모든 피해와 해코지는 길고양이에게 돌아올 것이므로, 사소한 다툼이라 해도 캣맘의 행동은 중요할 수밖에 없다.

길고양이로 인한 다툼이 일어났을 때 가장 먼저 살펴야 하는 것은 상대편의 반응과 자세이다. 쫓기듯 도망치거나 회피하지 말고 친절하게 맞설 필요가 있다. 다만 상대에 따라 상냥하게 대하는데도 안하무인으로 캣맘을 얕잡아 보거나 화풀이 대상으로 삼는 경우에는 단호하게 대응해야 한다. 혹시 이때 당황하여 말을 잘 하지 못한다면 아래 내용을 달달 외우고 가면 도움이 된다.

고양이 밥 주지 마세요.
고양이 몰리고 더럽잖아요.

> 저도 쓰레기봉투를 하도 뜯어서 그걸 방지하기 위해 밥 주기 시작한 거예요. 밥을 준 이후로는 고양이들이 쓰레기봉투를 안 뜯고 주변이 오히려 깨끗해졌어요. 그리고 신기한 게 고양이가 영역동물이라 새로운 고양이가 나타나면 여기서 밥 먹는 애들이 쫓아내더라고요. 아마 밥을 안 주게 되면 더 많은 고양이들이 먹을 것을 찾아 수시로 드나들지도 몰라요. 그걸 진공효과라고 부른다네요.

왜 밥을 줘요?
밥 주니까 쥐도 안 잡잖아요.

> 고양이들은 사료를 먹어도 사냥본능이란 게 있어서 얼마든지 쥐를 잡아요. 쥐를 먹지 않을 뿐이지 장난감이라 생각하고 잡는 거죠. 제가 동네 분들 보시기에 불편하실까봐 죽은 쥐를 열심히 치우고 있어요.

그렇게 도둑고양이가 좋으면
집에 다 데리고 가서 키워요.

> 저도 누군가 버린 고양이가 시름시름 죽어가기에 '이것도 생명인데.' 하고 밥을 주게 된 거예요.

누군가 무책임하게 유기해 버린 생명이에요.
제가 사비를 들여 사료도 사고, 치료도 해주고,
더 이상 이 지역에 고양이가 늘어나지 않도록
중성화수술까지 했어요. 영역동물인지라
밥자리에 모여든다고 해도 고작 서너 마리밖에
안 되고, 제가 또 열심히 돌보면서 밥자리 주변을
청소하고 있으니 배려 부탁드립니다.

고양이가 병균 옮긴다던데
신고해서 잡아가라 할 거예요.

TV에서 나오는 톡소플라즈마가 사람에게
감염되려면 톡소플라즈마에 감염된 고양이의
변을 직접 만진 뒤, 손도 안 씻고 음식물을 주워
먹어야 해요. 그러지 않는 한 그런 일은 없습니다.
오히려 고양이보다는 감염된 고기를 익히지
않고 먹었을 때 걸릴 확률이 크다는 연구 자료도
있어요.

그리고 병균의 온상인 쥐를 가장 많이 잡는 건
고양이에요. 중세시대에 유럽에서 고양이를 집단
학살하자 쥐가 들끓어 페스트가 창궐한 사례도
있어요. 그리고 만일 신고해서 잡아가면 고양이는
열흘 이내로 고통스럽게 살처분되는데, 그건 너무
잔인한 일이잖아요.

당신 때문에 고양이들이 새끼도 낳고 많아졌어요.

지금 이곳은 중성화 수술을 진행하고 있어요. 이게 간단한 수술이 아니라 마취하고 개복하는 큰 수술이기에 한 번에 여러 마리를 할 수 없어 계획을 세워 차근차근 진행하고 있습니다. 어느 정도 시간이 지나면 이 지역 고양이들이 발정이나 출산 등을 하지 않게 되니까 싸우는 소리도 거의 사라질 거예요. 이 세상은 사람만 사는 게 아니잖아요. 그러니 조금만 기다려 주세요. 제가 포획도 하고, 병원 이동도 하고, 방사도 해서 시간이 좀 걸리거든요.

우리 구청에서도 길고양이 TNR이란 사업을 진행하고 있는데요. 이게 예전처럼 잡아서 죽이는 방법이 아닌 수술해서 제자리로 방사하는 거예요. 길고양이도 동물보호법에 의해 보호 받는 동물이기 때문에 관공서에서도 함부로 할 수가 없어요.

만일 그럼에도 불구하고 상대방이 공격적으로 나온다면 고보협에서 나온 고양이 보호 관련 전단지나 다른 동물단체에서 나온 팸플릿 등을 보여주면서 설명하는 게 좋다.

**지구에서 고양이를 대하는 당신의 태도가
천국에서 당신의 처지를 좌우하게 될 것이다.**
로버트 앤슨 하인라인(Robert A. Heinlein, 작가)

고양이는 인간에게 수수께끼로 남기로 작정했다.
오이겐 스카사 바이스(eugen skasa-weiss, 저널리스트)

**사람은 고양이의 주인이 될 수 없다.
다만 동반자가 되어 주는 것이 최선이다.**
해리 스완슨 경(Sir. Harry Swanson)

**고양이의 우정을 얻기는 쉽지 않다.
고양이는 무모하게 우정을 나누지 않는
철학적인 동물이다.**
테오필 고티에(Theophile Gautier, 작가·비평가)

**고양이는 인간에게 기회를 많이 주지 않는다.
고양이의 신뢰를 몇 번 저버리면 얼마 가지 않아
고양이의 삶에서 제외되고 말 것이다.**
제프리 모우사이프 마송(Jeffrey Moussaieff Masson, 작가)

인생에 고양이를 더하면 그 합은 무한대가 된다.
라이너 마리아 릴케(Rainer Maria Rilke, 시인)

**고양이는 사람에게 최고의 친구가 될 수 있다.
그러나 고양이는 이를 인정하기 위해 자세를 낮추지 않는다.**
더그 라슨(Doug Larson, 저널리스트)

나는 수많은 철학자와 고양이를 연구했다.
그리고 고양이가 월등히 우월한 지혜를 지녔음을 알게 되었다.
이폴리트 텐느(Hippolyte Taine, 철학자)

고양이는 꼭 사진 찍기 불가능할 때만 가장 기묘하고
흥미롭고 아름다운 포즈를 취한다. 그래서 고양이 달력에는
실망스럽게도 항상 대중용 포즈뿐이다.
J. R. 코울슨

인생에 대해 중요한 무언가를
배우고 싶다면 고양이와 함께 하라.
제임스 올리버 크롬웰(James Oliver Cromwell, 정치가)

고양이를 사랑한다는 남자가 있다면
나는 닥치고 그의 친구이자 동지가 될 것이다.
마크 트웨인(Mark Twain, 작가)

고양이는 우리에게 세상의 모든 일에
목적이 있는 건 아니라는 것을 가르쳐 주고 싶어 한다.
개리슨 케일러(Garrison Keillor, 작가)

고양이의 사랑을 받는 것보다 더 큰 선물은 없다.
찰스 디킨스(Charles Dickens, 작가)

세상에 평범한 고양이는 한 마리도 없다.
콜레트(Sidonie-Gabrielle Colette, 작가)

진정한 고요함은 앉아 있는 고양이 안에 존재한다.
쥘 르나르(Jules Renard, 작가)

**고양이들은 어떻게 하면 노력 없이 음식을 얻을 수 있는지,
어떻게 하면 편안한 보금자리를 얻을 수 있는지, 어떻게 하면
대가없는 사랑을 받을 수 있는지 잘 알고 있다.**
W. L. 조지(Walter Lionel George, 작가)

**고양이 반려인들은 잘 알겠지만,
고양이를 소유하고 있는 사람은 아무도 없다.**
엘렌 페리 버클리(Ellen Perry Berkeley, 작가)

**고양이의 시간은 완벽하다. 고양이는 그 어떤 성가신 생각에
빠지는 일 없이 자신의 동공처럼 몸을 길게 뻗었다가 다시
오므려 자신만의 시간에 집중한다.**
클라우디오 마그리스(Claudio Magris, 작가)

고양이는 신이 빚어낸 최고의 걸작이다.
레오나르도 다 빈치(Leonardo da Vinci, 화가·과학자)

고양이 한 마리는 또 한 마리를 데려오게 만든다.
어니스트 헤밍웨이(Ernest Hemingway, 작가)

**고양이는 철저한 개인주의자들이다.
그들은 모든 것에 대해 자신만의 독자적 생각을 갖고 있다.
심지어 자신들이 소유한 주인에 대해서도.**
존 딩먼(John Dingman)

**다음 생에는 고양이가 되고 싶다. 하루에
20시간을 자고 먹이를 기다리고 싶다.
눌러앉아 빈둥거리며 내 엉덩이나 핥고 싶다.**
찰스 부코스키(Charles Bukowski, 작가)

고양이와 놀 때면 내가 고양이와 놀아 주는 건지,
고양이가 나와 놀아 주는 건지 알 수 없게 된다.
몽테뉴(Michel Eyquem de Montaigne, 철학자 · 작가)

나는 고양이를 사랑한다.
고양이는 눈으로 확인할 수 있는 내 집의 영혼이다.
장 콕토(Jean Cocteau, 작가 · 시인)

고양이의 문제점은 나방을 보거나
도끼 살인자를 보거나 똑같은 표정을 짓는다는 데 있다.
폴라 파운드스톤(Paula Poundstone, 코미디언 · 배우)

고대에 고양이들은 신으로 숭배되었다.
고양이들은 그걸 잊지 않았다.
테리 프래챗(Terry Pratchett, 작가)

고양이는 독립적인 동물이다.
고양이는 인간에게 구속될 생각이 없고,
인간과 동등한 관계를 만든다.
콘라트 로렌츠(Konrad Lorenz, 동물학자)

나는 개와 고양이를 제대로 대접해 주지 않는
인간의 종교에는 별 흥미가 없다.
에이브러햄 링컨(Abraham Lincoln, 미국 16대 대통령)

고양이가 쥐를 잡다가 놓쳤다면
마치 낙엽을 잡으려고 했던 것처럼 행동할 것이다.
샬롯 그레이(Charlotte Gray, 작가)

고양이는 인과관계를 이해한다.
파울 라이하우젠(Paul Reinhausen, 동물학자)

**내가 고양이와 이렇게 사랑에 빠질 거라곤
한 번도 생각해 본 적 없었다.**
칼 라거펠트(Karl Lagerfeld, 패션디자이너)

만약 고양이가 나무에서 떨어지면 집 안에 들어가서 웃어라.
패트리샤 히치콕(Patricia Hitchcock, 영화배우 · 프로듀서)

**고양이는 밖으로 내보내면 안으로 들어오고 싶어 하고,
안으로 들이면 밖에 나가고 싶어 한다.
게다가 종종 두 가지를 동시에 하고 싶어 할 때도 있다.**
루이스 F. 카뮬티

**고양이를 모르는 사람들이 보는 고양이들은 전부 비슷한
존재일 뿐이다. 하지만 고양이 애호가들이 보기에는 모든
고양이들이 놀라울 정도로 다른 각자의 개성을 가지고 있다.**
제니 드 브라이즈(Jenny de Vries)

**고양이를 목욕시키는데 필요한 구성요소는
짐승 같은 힘, 인내력, 결단력, 그리고 고양이다.
주로 마지막 요소를 손에 넣기가 제일 힘들다.**
스티븐 베이커(Stephen Baker, 작가)

**비참한 삶에서 벗어날 수 있는 방법이
두 가지 있다. 바로 고양이와 음악이다.**
슈바이처(Albert Schweitzer, 의사 · 철학자)

고양이는 세상 모두가 자기를 사랑해
주길 원하지 않는다. 다만 자기가 선택한
사람이 자기를 사랑해 주길 바랄 뿐이다.
헬렌 톰슨(Helen Thomson)

고양이들에게는 어떻게 하면 즐거운 시간을
보낼 수 있는지 보여 줄 필요가 없다.
그 방면에선 이미 확실한 재능을 타고났기 때문이다.
제임스 메이슨(James Mason, 영화배우)

고양이가 있는 집에는 특별한 장식이 필요 없다.
웨슬리 베이츠(Wesley Bates, 조각가)

만약 동물이 말을 할 수 있다면 개는 서투르게 무슨 말이든
할 것이다. 하지만 고양이는 우아하게 말을 아낄 것이다.
마크 트웨인(Mark Twain, 작가)

고양이의 청각기관은 인간의 말을
한 귀로 듣고 한 귀로 흘리도록 만들어져 있다.
스티븐 베이커(Stephen Baker, 작가)

고양이는 모두 다 자기에게 관심이 집중되는 것을 좋아한다.
피터 그레이(Peter Gray, 심리학자)

고양이가 사람의 친구가 되어 주는 것은
꼭 그래야만 하기 때문이 아니라,
그들이 원해서 그렇게 하는 것이다.
칼 반 베흐텐(Carl Van Vechten, 작가·사진작가)

**거절에 대해 제대로 이해하려면
우선 고양이에게 무시당해 봐야 한다.**
아논(Daniel Israel ARNON, 과학자)

**고양이를 이해하려 애쓰는 과정에서
우리는 사실 우리 자신에 대해 알게 된다.**
샘 칼다(Sam Kalda, 일러스트레이터)

개는 우리를 올려다보지만 고양이는 내려다본다.
윈스턴 처칠(Winston Churchill, 정치가)

**만약 개가 당신 무릎 위로 올라온다면
그것은 그 개가 당신을 좋아하기 때문이다.
하지만 고양이가 그와 같은 행동을 한다면 그건 단지
당신의 무릎이 다른 곳보다 따뜻하기 때문이다.**
알프레드 화이트헤드(Alfred Whitehead, 철학자·수학자)

인간은 개를 길들이고 고양이는 인간을 길들인다.
마르셀 모스(Marcel Mauss, 사회학자·인류학자)

**고양이는 아홉 개의 삶을 산다.
세 개의 삶은 놀이를 하며 지내고,
세 개의 삶은 방황하며 지내며,
나머지 세 개의 삶은 한곳에 머물며 지낸다.**
영국 속담

**만약 주인 없는 길고양이와
친구가 되는 법을 아는 사람이 있다면,
그 사람은 언제나 운이 좋을 것이다.**
미국 속담

공존을 위한 길고양이 안내서

초판 1쇄 발행 2018년 1월 2일 | 초판 8쇄 발행 2023년 11월 30일

지은이 이용한 · 한국고양이보호협회 박선미

펴낸이 신광수
CS본부장 강윤구 | 출판개발실장 위귀영 | 디자인실장 손현지
단행본팀 김혜연, 조문채, 정혜리, 권병규
출판디자인팀 최진아, 김리안 | 저작권 김마이, 이아람
출판사업팀 이용복, 민현기, 우광일, 김선영, 신지애, 허성배, 이강원, 정유, 설유상, 정슬기, 정재욱, 박세화, 김종민, 전지현
CS지원팀 강승훈, 봉대중, 이주연, 이형배, 이우성, 전효정, 장현우, 정보길
영업관리파트 홍주희, 이은비, 정은정

펴낸곳 (주)미래엔 | 등록 1950년 11월 1일(제16-67호)
주소 06532 서울시 서초구 신반포로 321
미래엔 고객센터 1800-8890
팩스 (02)541-8249 | 이메일 bookfolio@mirae-n.com
홈페이지 www.mirae-n.com

ISBN 979-11-6233-413-3 13490

* 북폴리오는 (주)미래엔의 성인단행본 브랜드입니다.
* 책값은 뒤표지에 있습니다.
* 파본은 구입처에서 교환해 드리며, 관련 법령에 따라 환불해 드립니다.
  단, 제품 훼손 시 환불이 불가능합니다.

북폴리오는 참신한 시각, 독창적인 아이디어를 환영합니다.
기획 취지와 개요, 연락처를 bookfolio@mirae-n.com으로 보내주십시오.
북폴리오와 함께 새로운 문화를 창조할 여러분의 많은 투고를 기다립니다.